聴ける！ 読める！ 書ける！ 話せる！

ドイツ語
初歩の初歩

CDつき

▶カタコトフレーズ ▶基本フレーズ ▶場面別フレーズ

●ドイツの州と都市

ドイツには16の州があります。州都とおもな都市は以下のとおりです。

はじめに

本書はタイトルが示すとおり、ドイツ語の初学者を対象にしています。この本を手にされている方は、すでに英語の学習経験があると思いますが、幸いなことにドイツ語は他のヨーロッパ言語に比べて英語との類似点が多く、比較的学びやすいと言えるでしょう。本書の執筆に当たっては、ドイツ語の基礎文法と会話を初めて学ぶ方が、興味を持ちながら容易に習得できるよう、日常会話に必要な項目を厳選しました。また、学習者に不必要な負担をかけることなく、ドイツ語文法の概要を把握できるよう配慮しています。

例えば、英語の「you」に当たるドイツ語の人称代名詞にはSie（あなた）とdu（君）の2種類ありますが、本書では難しいduの用法をカットしています。Sieは初対面の相手に使い、duは家族やごく親しい友人に使う代名詞なので、初学者がduを使うことはまれです。また、ドイツ語の場合、主語がSieかduかで動詞の語尾変化の形が異なりますが、Sieの場合は動詞の形が辞書に載っている不定形（原形）とほぼ一致していてわかりやすい、ということもSieの用法に絞っている理由です。

さらに、英語との比較や、バリエーションに富んだ例文を使ったわかりやすい解説によって、ドイツ語の文法とその用例を無理なく身につけられるように努めています。

一人でも多くの方が本書を礎にして、次のステップであるドイツ語の本格的なマスターという大きな航海に向かわれることを祈っております。

Viel Spaß und viel Erfolg!
フィール　スパース　ウント　フィール　エアフォルク
（大いに楽しみ、そして多くの成果を！）

著者

本書の使い方

本書は5つのTEIL（章）から構成されており、ごくシンプルな文型を中心に、実用的な表現をまとめています。

TEIL 1 ドイツ語 基礎の基礎

まずは知っておきたい文字や発音のポイント、数（時/暦）の表現など、ドイツ語の基礎知識を学習します。

TEIL 2 ドイツ語 文法の基本ルール

名詞の性や冠詞の格変化をはじめとするドイツ語の文法の特徴について、品詞ごとに基本ルールを学習します。

TEIL 3 そのまま覚える！ カタコトフレーズ

コミュニケーションの第一歩となるあいさつやお礼、返事など、そのまま覚えてすぐに使えるフレーズを紹介しています。

TEIL 4 マスターしたい！ 基本フレーズ

使用頻度の高い4つの動詞、6つの助動詞、6つの疑問詞を使った、ベーシックな日常表現を身につけます。

学習のポイント 「基本フレーズ」で押さえておきたいポイントをまとめています。

タイトル

CDトラックNo.

基本フレーズ 基本の文型となるフレーズです。文型を理解しやすいよう、語句ごとに日本語訳を付けています。

人称変化表 ここで覚える動詞の人称変化形を紹介。

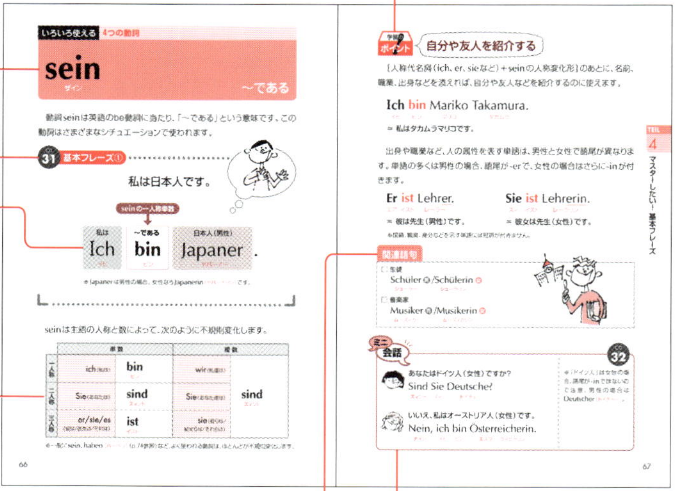

関連語句 このページの内容に関連する語句を紹介。

ミニ会話 ここで覚えた文型を使ったやりとりを紹介。

TEIL 5　旅先で使える！ 場面別フレーズ

TEIL 4までに学んだ文法的な内容をベースに、旅先で役立つ表現を身につけます。入れ替えフレーズの一部を別の語句にすれば、表現のバリエーションが広がります。

CDトラックNo.

ポイント　「入れ替えフレーズ」で押さえておきたいポイントを解説しています。

場面タイトル

入れ替えフレーズ
右ページの入れ替え語句を使えば、バリエーションが広がるフレーズです。

入れ替え語句
「入れ替えフレーズ」の入れ替え部分に使える語句です。

これも使える！
「入れ替えフレーズ」の他に、この場面で便利に使える表現を紹介。

付録　①動詞の人称変化一覧表／②お役立ち単語帳

よく使うおもな動詞の人称変化形がひと目でわかる一覧表と、旅先で役立つカテゴリー別の単語帳です。

※本書では、ドイツ語の発音をカタカナルビ（特に強く発音する箇所は太字）で表記していますが、日本語にはない発音を正確にカタカナで表すことはできません。また、強く発音する箇所はフレーズによって変わることもあります。ルビはあくまで目安とし、正しい発音は付属のCDで確認してください。

CDについて　CDマークが付いた箇所の語句やフレーズは、付属のCDで音声を聴くことができます。特にドイツ語特有の発音はCDの音声をよく聴いて、まねをするように発音してみましょう。

※音声は 日本語 → ドイツ語 の順で収録しています。

目次

TEIL 1 ドイツ語 基礎の基礎 CD 1～CD 8

TEIL 2 ドイツ語 文法の基本ルール CD 9～CD 24

TEIL 3 そのまま覚える! カタコトフレーズ CD25～CD30

TEIL 4 マスターしたい! 基本フレーズ CD31～CD57

TEIL 5 旅先で使える! 場面別フレーズ CD 58～CD 78

編集協力:有限会社テクスタイド
DTP:有限会社テクスタイド
ドイツ語校正:Dr. Herbert Worm
Setsuko Kojoma-Worm
本文イラスト:金井 淳
CD制作:財団法人英語教育協議会(ELEC)
ナレーション:ドイツ語 Andreas Meyer
Nadine Kaczmarek
日本語 水月優希

TEIL 1

ドイツ語
基礎の基礎

ドイツ語のひみつ

ドイツ語はドイツを越えて

ドイツ語を母国語としている人は、ヨーロッパだけでも約1億100万人いるといわれており、EU圏内では最も使用頻度の高い言語です。

ドイツ語が公用語の国は、ドイツ、オーストリア、スイスの他、リヒテンシュタインとルクセンブルクがあります。また、イタリア北部やベルギーの一部地域でもドイツ語が公用語として認められています。

ドイツ語の名詞には性がある

ヨーロッパ系の言語を初めて習う人にとって、最初のとまどいは単語に男女の区別があることでしょう。ドイツ語の場合は、男性名詞と女性名詞に加えて、さらに中性名詞があります。

生物に関する名詞の性は、生物学上の性とほぼ一致しており、Mann（マン）（男性）は男性名詞、Frau（フラウ）（女性）は女性名詞です。

人間や動物の子どもを表す単語はほとんどが中性。人間のKind（キント）（子ども）、Baby（ベービ）（赤ちゃん）、動物のKätzchen（ケッツヒェン）（子猫）、Kalb（カルプ）（仔牛）、Küken（キューケン）（ひよこ）などは中性名詞です。

しかし、名詞に性が存在することは受け入れられても、非生物の名詞にも性があるというのはなかなか理解に苦しむところです。また、Rock（ロック）（スカート）は男性名詞、Krawatte（クラヴァッテ）（ネクタイ）は女性名詞というように、名詞のイメージと性が一致しないものもありますので、焦らずに少しずつ覚えていきましょう。

文法や単語が英語と似ている

ドイツ語は英語と同じゲルマン語系に属するため、文法や単語に類似点が多く見られます。例えば、英語の「What is it?（それは何ですか?）」はドイツ語では「Was ist das?」で、文の構成が同じです。

また、英語とスペルが同じドイツ語の単語がいくつかあります。Name（名前）、Hand（手）、Information（情報）、Student（学生）などは、発音こそ異なりますが、意味も英語と同じです。

ただし、スペルが同じでも、ドイツ語と英語では意味が全く異なる単語もあります。Giftはその典型でしょう。ドイツ語では「毒」を意味しますので、この単語の取り扱いには注意が必要です。

日本語の中のドイツ語

明治以降、ドイツと日本の交流の中で、ドイツ語の言葉が日本語に吸収されて一般的になった例が数多くあり、元のドイツ語とほぼ同じ意味で使われています。特に医学用語には「アレルギー（Allergie）」「ホルモン（Hormon）」など、日本語化したドイツ語がたくさんあります。また、「テーマ（Thema）」「カテゴリー（Kategorie）」「ザイル（Seil）」なども、ドイツ語起源の言葉です。

日本語化したドイツ語の中でも、特に私達になじみ深いのは「バウムクーヘン（Baumkuchen）」「メルヘン（Märchen）」「エネルギー（Energie）」などでしょう。

まずは知りたい　基礎知識

文字と発音

アルファベット

CD 1

ドイツ語のアルファベットはAからZまでの26文字の他に、ウムラウトと呼ばれる記号「¨」が付いた3つの母音Ä、Ö、Üと、子音ßがあります。

母音

A a アー	B b ベー	C c ツェー	D d デー		
E e エー	F f エフ	G g ゲー	H h ハー		
I i イー	J j ヨット	K k カー	L l エル	M m エム	N n エン
O o オー	P p ペー	Q q クー	R r エル	S s エス	T t テー
U u ウー	V v ファウ	W w ヴェー	X x イクス	Y y ユプスィロン	Z z ツェット

Ä ä アーウムラウト	Ö ö オーウムラウト	Ü ü ウーウムラウト	ß エスツェット

ドイツ語特有の
アルファベット

アクセント

CD 2

ドイツ語の単語のアクセントは、通常第1音節に置かれます。

Vater（父）　**Mu**tter（母）
ファーター　ムッター

ただし、以下の第1音節にはアクセントが置かれることがないので、第2音節以降に置かれます。

be- / emp- / ent- / er- / ge- / ver- / zer-

be**ko**mmen（受け取る）　Ge**sche**nk（贈り物）
ベコメン　ゲシェンク

また、外来語の多くも第2音節以降にアクセントが置かれます。

Ho**tel**（ホテル）　Restau**ra**nt（レストラン）
ホテル　レストラーン

母音の発音

CD 3

●伸ばす母音と伸ばさない母音

ドイツ語の母音は基本的にローマ字式に発音し、アクセントのある母音のあとに子音が1つの場合は長母音（長く伸ばして発音）に、2つ以上の子音がくる場合は短母音（短く発音）になります。

	長母音	短母音
a ＝「ア」	sagen（話す） ザーゲン	Mann（男） マン
e ＝「エ」	geben（与える） ゲーベン	Bett（ベッド） ベット
i ＝「イ」	Tiger（トラ） ティーガー	Kind（子ども） キント
o ＝「オ」	Honig（ハチミツ） ホーニヒ	kommen（来る） コメン
u ＝「ウ」	gut（良い） グート	Kunst（芸術） クンスト

※母音のすぐあとにhがくる場合も長母音で発音します。例：Zahl［ツァール］（数）

●ウムラウト付きの母音

ウムラウトの付いた3つの母音は次のように発音します。

	長母音	短母音
ä ＝「エ」	spät（遅い） シュペート	Gepäck（荷物） ゲペック
ö ＝唇を「オ」の形にして「エ」と発音 ※「オ」と「エ」の中間音	schön（美しい） シェーン	öffnen（開ける） エフネン
ü ＝唇を「ウ」の形にして「イ」と発音 ※「イ」と「ユ」の中間音	süß（甘い） ズュース	wünschen（望む） ヴュンシェン

●重母音

同じ母音が重なったものは重母音と呼ばれ、長音になります。

aa ＝「アー」	Haar（髪の毛） ハー
ee ＝「エー」	leer（空っぽ） レーア
oo ＝「オー」	Boot（ボート） ボート

●複母音

異なる母音が重なった以下の4種類のものは複母音と呼ばれ、変則的な発音になります。

äu eu ＝「オイ」	Bäume（木）※複数形 ボイメ
	heute（今日） ホイテ
ei ＝「アイ」	Eis（アイスクリーム） アイス
ie ＝「イー」「イエ」 ※ieにアクセントがある場合は「イー」が一般的	アクセントあり hier（ここ） ヒーア
	アクセントなし Familie（家族） ファミーリエ

子音の発音

CD 4

●特に気をつけたい子音

ドイツ語の子音で、ローマ字式の発音とは異なるものをまとめました。CDをよく聴いて、つづりと発音を確認しましょう。

b d g	語末・音節末およびs、tの前では、それぞれ「プ」「ト」「ク」と発音します。ただし、ngは「ング」。 hal**b**（半分） ハルプ　Han**d**（手） ハント　Ta**g**（日） ターク
ch	母音a、o、u、auのあとにくる場合、「ハ」「ホ」「フ」「ヘ」の発音（喉の奥で息を吐くような音）になります。 Na**ch**t（夜） ナハト　To**ch**ter（娘） トホター Bu**ch**（本） ブーフ　rau**ch**en（たばこを吸う） ラウヘン 上記以外の場合は「ヒ」と発音します。 i**ch**（私） イヒ
chs x	「クス」と発音します。 we**chs**eln（取り替える） ヴェクセルン　Ta**x**i（タクシー） タクスィ
dt th	「ト」と発音します。 Sta**dt**（都市） シュタット　**Th**eater（劇場） テアーター
h	母音のあとにくる場合は発音せず、その母音を長音にします。 Za**h**l（数） ツァール
ig	語末または音節末にある場合、「イヒ」と発音します。 bill**ig**（安い） ビリヒ
j	「ユ」と発音します。 **j**ung（若い） ユング

pf	両唇を合わせ「プ」と「フ」を同時に発音するように、短く「プフ」と発音します。 **Kopf**(頭) コップフ
qu	「クヴ」と発音します。 **Qu**alität(品質) クヴァリテート
s	母音の前では濁音の「ズ」と発音します。 **S**ie(あなた) ズィ
ß ss	「ス」と発音します。 gro**ß**(大きい) グロース　Flu**ss**(川) フルス
sch	「シュ」と発音します。 **Sch**ule(学校) シューレ
sp st	語頭・音節頭にある場合、それぞれ「シュプ」、「シュト」と発音します。 **Sp**rache(言語) シュプラーヘ　**st**ehen(立っている) シュテーエン
tsch	「チュ」と発音します。 Deu**tsch**(ドイツ語) ドイチュ
ts tz ds z	いずれも「ツ」と発音します。 nich**ts**(何も〜ない) ニヒツ　Ka**tz**e(猫) カッツェ aben**ds**(晩に) アーベンツ　**Z**ucker(砂糖) ツッカー
w	「ヴ」と発音します。　※英語の「v」に当たります。 **W**asser(水) ヴァッサー
v	「フ」と発音　※英語の「f」に当たります。 **v**öllig(完全な) フェリヒ

数（時／暦）

0〜99

CD 5

金額の確認、時間や日付を表すときに必要な、数字の表現を覚えましょう。

●0〜19

0	null ヌル	10	zehn ツェーン
1	eins アインス	11	elf エルフ
2	zwei ツヴァイ	12	zwölf ツヴェルフ
3	drei ドライ	13	dreizehn ドライ･ツェーン
4	vier フィーア	14	vierzehn フィーア･ツェーン
5	fünf フュンフ	15	fünfzehn フュンフ･ツェーン
6	sechs ゼックス	16	sechzehn ゼヒ･ツェーン
7	sieben ズィーベン	17	siebzehn ズィーブ･ツェーン
8	acht アハト	18	achtzehn アハ･ツェーン
9	neun ノイン	19	neunzehn ノイン･ツェーン

※「13」〜「19」の語尾-zehnは英語の「-teen」に当たります。

●20〜99

20	zwanzig ツヴァンツィヒ
21	einundzwanzig アインウント･ツヴァンツィヒ
30	dreißig ドライスィヒ
40	vierzig フィーアツィヒ
50	fünfzig フュンフツィヒ
60	sechzig ゼヒツィヒ
70	siebzig ズィーブツィヒ
80	achtzig アハツィヒ
90	neunzig ノインツィヒ
99	neunundneunzig ノインウント･ノインツィヒ

一の位が「1」〜「9」の数は［一の位＋und＋十の位］と読みます。

23 ＝ drei**und**zwanzig（drei＝3、zwanzig＝20）

※一の位が「0」の数は語尾が-zigですが、「30」は例外的に-ßigになります。

100～／序数

CD 6

●100～

100	hundert フンダート
200	zweihundert ツヴァイ・フンダート
300	dreihundert ドライ・フンダート
1,000	tausend タウゼント
2,000	zweitausend ツヴァイ・タウゼント
3,000	dreitausend ドライ・タウゼント
10,000	zehntausend ツェーン・タウゼント
100,000	hunderttausend フンダート・タウゼント
1,000,000	eine Million アイネ　ミリオーン

「100」以上の数も、十の位と一の位を逆にしてundでつなぎます。

125 = hundertfünf**und**zwanzig
（100／5／20）

1963 =
tausendneunhundertdrei**und**sechzig
（1,000／900／3／60）

※年号の場合は次のような読み方になります。

1963（年）=
neunzehnhundertdrei**und**sechzig
（19／100／3／60）

スペルではなく数字で表記する場合、3桁の区切りはピリオド「.」に、小数点はコンマ「,」になります。

日本語表記		ドイツ語表記
3,000	=	3.000
0.5	=	0,5

●序数

1番目の	erst エアスト	5番目の	fünft フュンフト	9番目の	neunt ノイント
2番目の	zweit ツヴァイト	6番目の	sechst ゼックスト	10番目の	zehnt ツェーント
3番目の	dritt ドリット	7番目の	siebt ズィーブト	20番目の	zwanzigst ツヴァンツィヒスト
4番目の	viert フィーアト	8番目の	acht アハト	30番目の	dreißigst ドライスィヒスト

※序数は語尾が-t/-stになると覚えてください。

時を表す

CD 7

時を表す単位「時間」「分」「秒」は複数形の場合、語尾に-nが付きます。

時間	Stunde 単 シュトゥンデ	分	Minute 単 ミヌーテ	秒	Sekunde 単 ゼクンデ
	Stunde**n** 複 シュトゥンデン		Minute**n** 複 ミヌーテン		Sekunde**n** 複 ゼクンデン

時刻を表す場合、「～時」にはUhr（ウーア）という単位を使います。「～分」のMinute/Minutenは省略されます。

8時20分 ＝

acht **Uhr** zwanzig
アハト　ウーア　ツヴァンツィヒ
└── 8時 ──┘└── 20（分）──┘

「～分前」「～分過ぎ」などの表現も覚えておきましょう。

7時5分前 ＝ fünf **vor** sieben　※この場合「～時」のUhrも省略されます。
フュンフ　フォア　ズィーベン
└5（分）┘└～の前に┘└─7（時）─┘

9時10分過ぎ ＝ zehn **nach** neun
ツェーン　ナーハ　ノイン
└10（分）┘└～のあとで┘└9（時）┘

2時半 ＝ **halb** drei　※「3時に向かって半時間が過ぎた」→「2時半」という意味になります。
ハルプ　ドライ
└半分┘└3（時）┘

関連語句

※ドイツ語の名詞には性があり（p.24参照）、その性も覚えておく必要があります。

□ 午前 Vormittag 男 フォア・ミッターク	□ 正午 Mittag 男 ミッターク	□ 夜 Nacht 女 ナハト	□ 今日 heute ホイテ
□ 午後 Nachmittag 男 ナーハ・ミッターク	□ 夕方 Abend 男 アーベント	□ 昨日 gestern ゲスターン	□ 明日 morgen モルゲン

暦を表す

CD 8

「年」「月」「日」「週」は複数形の場合、語尾に-eまたは-nが付きます。

年	Jahr 単 ヤー	月	Monat 単 モーナト
	Jahre 複 ヤーレ		Monate 複 モーナテ
週	Woche 単 ヴォッヘ	日	Tag 単 ターク
	Wochen 複 ヴォッヘン		Tage 複 ターゲ

日付は「日」「月」の順に表し、「〜日」には序数（p.19参照）を使います。

5月1日 = der 1. Mai
デア エアステ マイ
(定冠詞) 1日 5月

※日付は定冠詞（p.26参照）を付けて表します。この場合、序数の語尾に-eが付くので、「1日」はerste［エアステ］になります。

※表記の際には、「〜日」の数字のあとにピリオド「.」を付けることを忘れずに。

関連語句

※月、曜日はすべて 男

- □ 1月 Januar ヤヌアー
- □ 2月 Februar フェーブルアー
- □ 3月 März メアツ
- □ 4月 April アプリル
- □ 5月 Mai マイ
- □ 6月 Juni ユーニ
- □ 7月 Juli ユーリ
- □ 8月 August アウグスト
- □ 9月 September ゼプテンバー
- □ 10月 Oktober オクトーバー
- □ 11月 November ノヴェンバー
- □ 12月 Dezember デツェンバー
- □ 日曜日 Sonntag ゾン・ターク
- □ 月曜日 Montag モーン・ターク
- □ 火曜日 Dienstag ディーンス・ターク
- □ 水曜日 Mittwoch ミット・ヴォッホ
- □ 木曜日 Donnerstag ドナス・ターク
- □ 金曜日 Freitag フライ・ターク
- □ 土曜日 （西部・南ドイツ）Samstag/ ザムス・ターク （北・中部ドイツ）Sonnabend ゾン・アーベント

豆知識 買い物は平日がおすすめ

ドイツでは「閉店法」という法律によって、キリスト教の安息日である日曜日と祝日の店舗の営業は基本的に禁じられています。もちろん例外もあり、駅構内のキオスクやガソリンスタンドなどは日本と同様に年中無休ですが、一般的な商店の営業は月曜日から土曜日と考えておいたほうが無難です。レストランやカフェなどの飲食店は、日曜日・祝日でも営業しています。

一般的な商店の営業時間は、お店の規模や商品によっても異なりますが、平日は朝9時〜10時に開店し、夜7時〜8時頃まで営業というところが多いようです。土曜日は早めの午後4時頃に閉店するのが一般的です。土曜日は平日働いているドイツ人が買い物に集中することもあり、旅行者は土曜日の買い物は避けたほうがよいでしょう。また、個人商店などでは1時間〜2時間程度の昼休みをとるところも少なくありません。目当てのお店で買い物をしたい場合は、営業時間を事前にチェックしておきましょう。

ちなみに、労働者の権利が強く保護されているドイツでは、「閉店時間＝お店が完全にドアを閉める時間」です。日本とは違って、店内の客は閉店時間前に完全に閉め出されることを覚悟しておく必要があります。販売員の対応もドイツと日本では大きく異なります。「お客様は神様である」という、日本が世界に誇る接客姿勢は、ドイツでは残念ながらまず期待できないでしょう。

TEIL 2

ドイツ語

文法の基本ルール

基本ルール① 名詞

名詞には性と数がある

名詞の性

CD 9

ドイツ語の一般名詞は、男性・女性・中性の3つの性があり、すべての名詞はそのいずれかに属します。

名詞の性は、前に付く定冠詞（p.26～27参照）を見ればわかります。名詞は、英語の「the」に当たる定冠詞der（デア）（＋男性名詞）、die（ディ）（＋女性名詞）、das（ダス）（＋中性名詞）を付けて覚えましょう。

※名詞は常に大文字で書き始めます。
※人間や動物に関する名詞は、生物学的な性と文法上の性がほぼ一致します。

男性名詞

四季、月、曜日、方向、天候に関する名詞には男性名詞が多くあります。

der Vater（父）
デア　ファーター

der Herbst（秋）
デア　ヘルブスト

der Januar（1月）
デア　ヤヌアー

女性名詞

語尾が-ung/-ei/-heit/-keit/-schaftの名詞は女性名詞です。

die Mutter（母）
ディ　ムッター

die Konditorei（ケーキ屋）
ディ　コンディトライ

die Straße（通り）
ディ　シュトラーセ

※語尾が-eの名詞の多くも女性名詞です。

中性名詞

名詞化した動詞、語尾が-chen/-leinの名詞は中性名詞です。

das Haus（家）
ダス　ハウス

das Lesen（読書）
ダス　レーゼン

das Päckchen（小包）
ダス　ペクヒェン

名詞の複数形

CD 10

複数形にするときは、単数形の語尾に-e/-nなどを付けます。語尾変化の基本は次の4パターンです。

		単数	複数
①語尾に-eを付ける（男性名詞・中性名詞に多い）	テーブル	Tisch 男 ティシュ	Tische ティシェ
	客	Gast 男 ガスト	Gäste ゲステ ※このように、a/u/o/auにはウムラウトが付く場合もあります。
②語尾に-n/-enを付ける（ほとんどの女性名詞）	花	Blume 女 ブルーメ	Blumen ブルーメン
	女性	Frau 女 フラウ	Frauen フラウエン
③語尾に-erを付ける（中性名詞に多い）	子ども	Kind 中 キント	Kinder キンダー
	本	Buch 中 ブーフ	Bücher ビューヒャー ※この場合、a/u/o/auには必ずウムラウトが付きます。
④語尾に-sを付ける（外来語に多い）	自動車	Auto 中 アウト	Autos アウトス
	カフェ	Café 中 カフェー	Cafés カフェース

次のように、単数・複数が同形の単語もあります。

単数		複数
Spiegel 男 シュピーゲル	=	Spiegel（鏡）
Zimmer 中 ツィマー	=	Zimmer（部屋）

※単数形の語尾が-erの単語のほとんどは、複数形が同形です。

基本ルール② 冠詞

冠詞は名詞の性・数・格で変化する

定冠詞

CD 11

●名詞の性・数で変化する定冠詞

ドイツ語の定冠詞は英語の「the」に当たり、すでに話題に上がっている名詞や、特定の人や物に付けます。定冠詞は名詞の性と数に対応しており、男性名詞にはder（デア）、女性名詞にはdie（ディ）、中性名詞にはdas（ダス）、そして複数形の名詞にはdie（ディ）が付くのが基本です。

●助詞の役割がある4つの格とその変化

日本語では、助詞「〜は、〜が」「〜の」「〜に」「〜を」を使って、その名詞が文中でどんな働きをしているか（主語、目的語など）を示しますが、ドイツ語では［冠詞 ＋ 名詞］で文中の働きを示します。

以下の図のように、日本語の4種類の助詞に当たるものをドイツ語では1格〜4格と呼びます。

日本語の助詞		ドイツ語の格
〜は、〜が（主語）	→	1格
〜の（所有を表す）	→	2格
〜に（間接目的語）	→	3格
〜を（直接目的語）	→	4格

定冠詞はこれらの格に応じて形が変わります。このことを格変化と言います。右ページで［定冠詞 ＋ 名詞］の格変化を見てみましょう。

	単数			複数
	男性名詞	女性名詞	中性名詞	性にかかわらず
	父	母	子ども	人々
1格（～は、～が）	der Vater デア ファーター	die Mutter ディ ムッター	das Kind ダス キント	die Leute ディ ロイテ
2格（～の）	des Vaters デス ファータース	der Mutter デア ムッター	des Kindes デス キンデス	der Leute デア ロイテ
3格（～に）	dem Vater デム ファーター	der Mutter デア ムッター	dem Kind デム キント	den Leuten デン ロイテン
4格（～を）	den Vater デン ファーター	die Mutter ディ ムッター	das Kind ダス キント	die Leute ディ ロイテ

※定冠詞の格変化に伴い、男性・中性名詞は2格のみ語尾に-s/-esが付きます（女性名詞は語尾変化なし）。
※複数形の名詞は3格のみ語尾に-nが付きます（最初から語尾が-nの単語はそのまま）。

［定冠詞＋名詞］の格変化とその働きを、2つの例文で見てみましょう。

- 母は父の子どもを愛しています。

Die Mutter liebt **das Kind des Vaters.**

ディ ムッター　リープト　ダス キント　デス ファータース

（その）母は【1格】　愛する　（その）子どもを【4格】　（その）父の【2格】

※4格の名詞（Kind）を修飾する2格の名詞（Vater）は、修飾される名詞のあとに置かれます。
※動詞は主語に応じて人称変化します（p.36参照）。liebtは動詞lieben［リーベン］の変化形です。

Die Mutterは1格（～は）で主語、das Kindは4格（～を）で直接目的語、des Vatersは2格（～の）で所有を表します。

- 父は子どもを母に預けます。

Der Vater übergibt **der Mutter das Kind.**

デア ファーター　ユーバー・ギープト　デア ムッター　ダス キント

（その）父は【1格】　預ける　（その）母に【3格】　（その）子どもを【4格】

※übergibtは動詞übergeben［ユーバー・ゲーベン］の変化形です。

Der Vaterは1格（～は）で主語、der Mutterは3格（～に）で間接目的語です。

不定冠詞

CD 12

●名詞の性で変化する不定冠詞

ドイツ語の不定冠詞は英語の「a」に当たり、初めて話題になる人や物に付けます。不定冠詞は名詞の性に対応しており、男性名詞にはein（アイン）、女性名詞にはeine（アイネ）、中性名詞にはein（アイン）が付くのが基本です。複数形の名詞には不定冠詞は付きません。

●［不定冠詞＋名詞］の格変化

不定冠詞も定冠詞と同様、文中での名詞の働きに応じて変化します。［不定冠詞＋名詞］の格変化を見てみましょう。

	単数		
	男性名詞 男	女性名詞 女	中性名詞 部屋
1格 （～は、～が）	**ein** Mann アイン マン	**eine** Frau アイネ フラウ	**ein** Zimmer アイン ツィマー
2格 （～の）	**eines** Mann**es** アイネス マネス	**einer** Frau アイナー フラウ	**eines** Zimmer**s** アイネス ツィマース
3格 （～に）	**einem** Mann アイネム マン	**einer** Frau アイナー フラウ	**einem** Zimmer アイネム ツィマー
4格 （～を）	**einen** Mann アイネン マン	**eine** Frau アイネ フラウ	**ein** Zimmer アイン ツィマー

※不定冠詞の格変化でも、男性名詞と中性名詞は2格のみ語尾に-s/-esが付きます。

［不定冠詞＋名詞］の格変化とその働きを、例文で見てみましょう。

ある男性がある女性の部屋を掃除します。

Ein Mann putzt ein Zimmer einer Frau.
アイン マン プッツト アイン ツィマー アイナー フラウ

- Ein Mann：ある男性**が**（1格）
- putzt：掃除する
- ein Zimmer：（ある）部屋**を**（4格）
- einer Frau：ある女性**の**（2格）

次に、「男性」と「女性」の格を変えた例文も見てみましょう。

ある女性がある男性に部屋を貸します。

Eine Frau vermietet **einem Mann ein Zimmer.**

アイネ　フラウ	フェア・ミーテット	アイネム　マン	アイン　ツィマー
ある女性が（1格）	貸す	ある男性に（3格）	（ある）部屋を（4格）

不定冠詞にkを付けた形になる否定冠詞

CD 13

否定冠詞kein（カイン）は英語の「no」に当たり、名詞の前に付けて否定文を作ります。単数形の格変化は、不定冠詞の格変化それぞれの語頭にkを付けた形になります。

	単数			複数
	男性名詞	女性名詞	中性名詞	性にかかわらず
1格（〜は、〜が）	**kein** カイン	**keine** カイネ	**kein** カイン	**keine** カイネ
2格（〜の）	**keines** カイネス	**keiner** カイナー	**keines** カイネス	**keiner** カイナー
3格（〜に）	**keinem** カイネム	**keiner** カイナー	**keinem** カイネム	**keinen** カイネン
4格（〜を）	**keinen** カイネン	**keine** カイネ	**kein** カイン	**keine** カイネ

私はコーヒーを飲みません。

Ich trinke **keinen Kaffee.**

イヒ	トリンケ	カイネン　カフェ
私は	飲む	ない＋コーヒーを（4格）

基本ルール③ 代名詞

代名詞はその形から文中での働きがわかる

人称代名詞

CD 14

英語の「I（私）」「you（あなた）」などに当たる名詞を人称代名詞と言います。ドイツ語では人を示すときだけでなく、物を示すときにも人称代名詞が使われます。

●人称代名詞の格変化

人称代名詞も［冠詞＋名詞］と同様、文中での働きに応じて格変化します。格には助詞の役割があるので、格変化した人称代名詞には助詞の役割も含まれます。

		一人称	二人称	三人称		
		私	あなた	彼	彼女	それ
単数	1格（～は、～が）	**ich** イヒ	**Sie** ズィ	**er** エア	**sie** ズィ	**es** エス
	3格（～に）	**mir** ミア	**Ihnen** イーネン	**ihm** イーム	**ihr** イーア	**ihm** イーム
	4格（～を）	**mich** ミヒ	**Sie** ズィ	**ihn** イーン	**sie** ズィ	**es** エス
複数		私達	あなた達	彼ら、彼女ら、それら		
	1格（～は、～が）	**wir** ヴィア	**Sie** ズィ	**sie** ズィ		
	3格（～に）	**uns** ウンス	**Ihnen** イーネン	**ihnen** イーネン		
	4格（～を）	**uns** ウンス	**Sie** ズィ	**sie** ズィ		

※2格の変化形はほとんど使われないので、上記の表では省略しています。
※「あなた・あなた達」の語頭は常に大文字で表記します。

所有代名詞

CD 15

英語の「my（私の）」「your（あなたの）」などに当たり、人や物の所有者を示すのが所有代名詞です。

	一人称	二人称	三人称		
単数	私の	あなたの	彼の	彼女の	それの
	mein マイン	**Ihr** イーア	**sein** ザイン	**ihr** イーア	**sein** ザイン
複数	私達の	あなた達の	彼らの、彼女らの、それらの		
	unser ウンザー	**Ihr** イーア	**ihr** イーア		

※「あなたの・あなた達の」の語頭は常に大文字で表記します。

●所有代名詞の格変化

所有代名詞は対象となる人や物の性・数・格によって変化します。mein（私の）の格変化は不定冠詞ein［アイン］（p.28参照）と同じパターンです。格変化した所有代名詞にも助詞の役割が含まれます。

	単数 男性名詞 私の頭	単数 女性名詞 私の手	単数 中性名詞 私の家	複数 私の両親
1格（～は、～が）	**mein** Kopf マイン コップフ	**meine** Hand マイネ ハント	**mein** Haus マイン ハウス	**meine** Eltern マイネ エルターン
2格（～の）	**meines** Kopf**es** マイネス コップフェス	**meiner** Hand マイナー ハント	**meines** Haus**es** マイネス ハウゼス	**meiner** Eltern マイナー エルターン
3格（～に）	**meinem** Kopf マイネム コップフ	**meiner** Hand マイナー ハント	**meinem** Haus マイネム ハウス	**meinen** Eltern マイネン エルターン
4格（～を）	**meinen** Kopf マイネン コップフ	**meine** Hand マイネ ハント	**mein** Haus マイン ハウス	**meine** Eltern マイネ エルターン

※複数形は否定冠詞kein［カイン］（p.29参照）の複数形と同じパターンです。

基本ルール④ 前置詞

前置詞は決まった格の名詞（代名詞）と結びつく

前置詞と格の組み合わせ

CD 16

ドイツ語の前置詞は、その種類によって次にくる名詞、もしくは代名詞の格が決まっています。前置詞は、2格、3格、4格のいずれかに格変化した名詞（代名詞）と結びつきます。このことを格支配と言います。

※ここでは使用頻度の高い3格、4格の名詞（代名詞）と結びつくおもな前置詞を紹介します。

●前置詞 ＋ 3格または4格の名詞（代名詞）

同じ前置詞でも、結びつく名詞が3格か4格かで、前置詞の示す意味が異なります。

	in イン	auf アウフ	an アン	vor フォア
3格	～の中で	～の上で	～の脇で	～の前で
4格	～の中へ	～の上へ	～の脇へ	～の前へ

動作の行われる場所や静止した状態を示す前置詞（～で）には3格の名詞

Sie studiert **in der Bibliothek**.

ズィ　シュトゥディーアト　イン　デア　ビブリオテーク

（der Bibliothek：3格）

＝ 彼女は**図書館で**勉強しています。

動きの方向を示す前置詞（～へ）には4格の名詞

Sie geht **in die Bibliothek**.

ズィ　ゲート　イン　ディ　ビブリオテーク

（die Bibliothek：4格）

＝ 彼女は**図書館へ**行きます。

●前置詞＋3格の名詞（代名詞）

aus アウス
～の中から

von フォン
～から、～について

zu ツー
～へ

nach ナーハ
～へ、～のあとで

bei バイ
～のところに

mit ミト
～と共に、～で

Er kommt **aus** **dem Haus**.
エア コムト アウス デム ハウス
（dem Haus：3格）
＝ 彼は**家から**出ます。

Sie fährt **mit** **dem Fahrrad**.
ズィ フェーアト ミト デム ファーラート
（dem Fahrrad：3格）
＝ 彼女は**自転車で**行きます。

●前置詞＋4格の名詞（代名詞）

für フュア
～のために

durch ドゥルヒ
～を通って

ohne オーネ
～なしで

um ウム
～の周りを、
～に（時刻）

Ich suche ein Geschenk **für** **sie**.
イヒ ズーヘ アイン ゲシェンク フュア ズィ
（sie：4格）
＝ **彼女のために**プレゼントを探しています。

次の前置詞は、直後の定冠詞と融合して1語になります。

前置詞		定冠詞		融合形
an	+	dem デム	→	**am** アム
bei	+	dem デム	→	**beim** バイム
in	+	dem デム	→	**im** イム
von	+	dem デム	→	**vom** フォム
zu	+	dem デム	→	**zum** ツム

前置詞		定冠詞		融合形
an	+	das ダス	→	**ans** アンス
auf	+	das ダス	→	**aufs** アウフス
in	+	das ダス	→	**ins** インス
um	+	das ダス	→	**ums** ウムス
zu	+	der デア	→	**zur** ツア

基本ルール⑤ 形容詞

形容詞も名詞の性・数・格で変化する

形容詞の格変化

CD 17

形容詞が名詞を修飾する場合、修飾される名詞の性・数・格によって形容詞の語尾が変化します。この変化は冠詞の種類によって異なります。

●定冠詞が付く場合

形容詞は定冠詞と名詞の間に置き、語尾のほとんどは-enになります。

	単数 + 男性名詞	単数 + 女性名詞	単数 + 中性名詞
	gut (いい) + ワイン グート	**rot** (赤い) + 花 ロート	**neu** (新しい) + 家 ノイ
1格 (～は、～が)	der **gute** Wein デア グーテ ヴァイン	die **rote** Blume ディ ローテ ブルーメ	das **neue** Haus ダス ノイエ ハウス
2格 (～の)	des **guten** Weines デス グーテン ヴァイネス	der **roten** Blume デア ローテン ブルーメ	des **neuen** Hauses デス ノイエン ハウゼス
3格 (～に)	dem **guten** Wein デム グーテン ヴァイン	der **roten** Blume デア ローテン ブルーメ	dem **neuen** Haus デム ノイエン ハウス
4格 (～を)	den **guten** Wein デン グーテン ヴァイン	die **rote** Blume ディ ローテ ブルーメ	das **neue** Haus ダス ノイエ ハウス

複数

jung (若い) + 人々
ユング

1格 (～は、～が)	die **jungen** Leute ディ ユンゲン ロイテ	3格 (～に)	den **jungen** Leuten デン ユンゲン ロイテン
2格 (～の)	der **jungen** Leute デア ユンゲン ロイテ	4格 (～を)	die **jungen** Leute ディ ユンゲン ロイテ

※名詞が複数形になると、性がなくなります。

●不定冠詞が付く場合

不定冠詞が付く場合も定冠詞の場合と同様、語尾のほとんどは-enになります。

※不定冠詞は英語の「a」と同様、単数形のみに付きます。

	単数 + 男性名詞	単数 + 女性名詞	単数 + 中性名詞
	neu（新しい）+スカート ノイ	**alt**（古い）+上着 アルト	**blau**（青い）+シャツ ブラウ
1格 （～は、～が）	ein **neuer** Rock アイン ノイアー ロック	eine **alte** Jacke アイネ アルテ ヤッケ	ein **blaues** Hemd アイン ブラウエス ヘムト
2格 （～の）	eines **neuen** Rockes アイネス ノイエン ロッケス	einer **alten** Jacke アイナー アルテン ヤッケ	eines **blauen** Hemdes アイネス ブラウエン ヘムデス
3格 （～に）	einem **neuen** Rock アイネム ノイエン ロック	einer **alten** Jacke アイナー アルテン ヤッケ	einem **blauen** Hemd アイネム ブラウエン ヘムト
4格 （～を）	einen **neuen** Rock アイネン ノイエン ロック	eine **alte** Jacke アイネ アルテ ヤッケ	ein **blaues** Hemd アイン ブラウエス ヘムト

不定冠詞と変化が同じ所有代名詞

CD 18

形容詞の前に付くのが所有代名詞（p.31参照）の場合、形容詞の語尾変化は、不定冠詞が付く場合と同じです。［所有代名詞＋形容詞＋男性名詞］の例を見てみましょう。

	単数 所有代名詞＋形容詞＋男性名詞
	私の＋**neu**（新しい）+スカート ノイ
1格 （～は、～が）	mein **neuer** Rock マイン ノイアー ロック
2格 （～の）	meines **neuen** Rockes マイネス ノイエン ロッケス
3格 （～に）	meinem **neuen** Rock マイネム ノイエン ロック
4格 （～を）	meinen **neuen** Rock マイネン ノイエン ロック

※形容詞に否定冠詞kein［カイン］（p.29参照）が付く場合も、同様に語尾変化します。

基本ルール⑥ 動詞（人称変化）

動詞は主語によって人称変化する

動詞の人称変化

CD 19

動詞は主語の人称·数に応じて、その形が変わります。これを動詞の人称変化と言い、規則的な変化パターンがあるものと、不規則に変化するものがあります。また、変化前の動詞の形（原形）は不定形と呼ばれます。

●規則動詞

規則的に人称変化するのが規則動詞。その変化パターンは大多数の動詞に共通です。「学ぶ」という意味の動詞 lernen（レルネン）を例に、現在形の変化形を見てみましょう。

lernen（学ぶ）

	単数		複数	
一人称	（私は）ich イヒ	**lerne** レルネ	（私達は）wir ヴィア	**lernen** レルネン
二人称	（あなたは）Sie ズィ	**lernen** レルネン	（あなた達は）Sie ズィ	
三人称	（彼は）er エア （彼女は）sie ズィ （それは）es エス	**lernt** レルント	（彼らは） （彼女らは）sie ズィ （それらは）	

どの人称·数でも、語幹（単語の中で常に変化しない部分）lernのあとの語尾だけが-e/-en/-tと変化しています。

※語幹が-d/-tなどで終わる動詞は、三人称単数で語尾が-etになります。例えば、arbeiten［アルバイテン］（働く）の三人称単数形はarbeitet［アルバイテット］です。

●不規則動詞

いくつかの重要な動詞は、主語に応じて不規則に人称変化します。次のsein（ザイン）、haben（ハーベン）、werden（ヴェルデン）はよく使う動詞なので、変化形をしっかり覚えましょう。

sein（～である）

	単数		複数	
一人称	ich イヒ	**bin** ビン	wir ヴィア	
二人称	Sie ズィ	**sind** ズィント	Sie ズィ	**sind** ズィント
三人称	er/sie/es エア ズィ エス	**ist** イスト	sie ズィ	

haben（持っている）

	単数		複数	
一人称	ich イヒ	**habe** ハーベ	wir ヴィア	
二人称	Sie ズィ	**haben** ハーベン	Sie ズィ	**haben** ハーベン
三人称	er/sie/es エア ズィ エス	**hat** ハット	sie ズィ	

werden（～になる）

	単数		複数	
一人称	ich イヒ	**werde** ヴェルデ	wir ヴィア	
二人称	Sie ズィ	**werden** ヴェルデン	Sie ズィ	**werden** ヴェルデン
三人称	er/sie/es エア ズィ エス	**wird** ヴィルト	sie ズィ	

不規則動詞の複数形も規則動詞と同様、基本的に不定形と同じ形になります。但し、seinは語幹から形が変わり、複数形も不定形と違う形になります。

※おもな規則/不規則動詞の人称変化形はp.136～137にまとめてあります。

基本ルール⑦ 動詞（文型）

動詞は文頭から2番目に置くのが基本

語順

CD 20

ドイツ語の基本的な文型を、動詞の位置を中心に見ていきましょう。

●平叙文

動詞は常に文頭から2番目の位置に置かれます。主語以外の単語が文頭にくる場合、主語は3番目の位置に置かれます。

①一般的な平叙文

主語	動詞	副詞	目的語	
Ich イヒ	**habe** ハーベ	jetzt イェッツト	Zeit ツァイト	.
私は	持っている	今	時間を	

＝ 私は今、時間があります。

②副詞が文頭にくる場合

副詞	動詞	主語	目的語	
Jetzt イェッツト	**habe** ハーベ	ich イヒ	Zeit ツァイト	.

＝ 今、私は時間があります。

③目的語が文頭にくる場合

目的語	動詞	主語	副詞	
Zeit ツァイト	**habe** ハーベ	ich イヒ	jetzt イェッツト	.

＝ 時間なら私は今あります。

※このように、語順を替えて表現できるのがドイツ語の特徴。意味上は文頭にくる単語が強調されます。

●否定文

否定文には、英語の「not」に当たる否定詞nicht（ニヒト）を使います。

①一般的な否定文

主語	動詞	目的語	否定詞	
Ich（イヒ）	**verstehe**（フェア・シュテーエ）	Sie（ズィ）	**nicht**（ニヒト）	.
私は	理解する	あなたを	〜ない	

＝ あなたの言っていることがわかりません。

※一般的な動詞を否定する場合、原則としてnichtは文末に置きます。

②前置詞を伴う語句や状態を表す副詞がある場合

※この場合、否定詞は前置詞や副詞の前に置きます。

主語	動詞	否定詞	前置詞	3格の名詞	
Sie（ズィ）	**wohnt**（ヴォーント）	**nicht**（ニヒト）	in（イン）	Deutschland（ドイチュラント）	.
彼女は	住む	〜ない	〜に	ドイツ	

＝ 彼女はドイツには住んでいません。

名詞を否定して否定文を作る場合、定冠詞付きの名詞には否定詞nichtを使います。

Ich（イヒ） kenne（ケネ） **den**（デン） **Professor**（プロフェソーア） **nicht**（ニヒト）.（私はその教授を知りません）

不定冠詞付きや無冠詞の名詞には否定冠詞kein［カイン］（p.29参照）を使います。

Ich（イヒ） habe（ハーベ） heute（ホイテ） **keine**（カイネ） **Zeit**（ツァイト）.（私は今日、時間がありません）

●疑問文

「はい」か「いいえ」で答える（疑問詞を使わない）疑問文では、動詞を文頭に置き、次に主語を続けて、文末には「?」を付けます。

動詞	主語	副詞	目的語	
Haben（ハーベン）	Sie（ズィ）	heute（ホイテ）	Zeit（ツァイト）	?
持っている	あなたは	今日	時間を	

＝ あなたは今日、時間がありますか?

基本ルール⑧ 動詞（種類）

目的語によって分類される動詞

動詞の種類

CD 21

ドイツ語の動詞は、大きく他動詞と自動詞の2つに分類されます。

●他動詞

ドイツ語では4格の直接目的語をとる動詞を他動詞と呼びます。他動詞haben（ハーベン）を使った例を見てみましょう。

	他動詞	直接目的語（4格）	
Er（エア）	hat（ハット）	zwei Kinder（ツヴァイ キンダー）	. ＝ 彼は子どもが2人います。
	持っている	2人の子ども**を**	

3格の間接目的語と4格の直接目的語をとる動詞もあります。他動詞geben（ゲーベン）の例を見てみましょう。

	他動詞	間接目的語（3格）	直接目的語（4格）	
Ich（イヒ）	gebe（ゲーベ）	ihr（イーア）	ein Geschenk（アイン ゲシェンク）	.
	与える	彼女**に**	プレゼント**を**	

＝ 私は彼女にプレゼントを贈ります。

●自動詞

目的語を必要としない動詞や、sein（ザイン）（～である）、werden（ヴェルデン）（～になる）などの他、3格の間接目的語をとる動詞も自動詞に分類されます。3格の目的語をとる自動詞danken（ダンケン）の例を見てみましょう。

	自動詞	間接目的語（3格）	
Ich（イヒ）	danke（ダンケ）	Ihnen（イーネン）	. ＝ ありがとうございます。
	感謝する	あなた**に**	

分離動詞

CD 22

基礎となる動詞に、英語の接頭辞に当たる前つづり（前置詞、副詞など）が付き、その部分にアクセントが置かれるのが分離動詞です。前置詞ab（アプ）とan（アン）の前つづりが付いた分離動詞を見てみましょう。

前つづり **ab**fahren（出発する） アプ・ファーレン

前つづり **an**kommen（到着する） アン・コメン

●人称変化する場合は2つに分かれる

分離動詞が主語によって人称変化する場合、基礎となる部分は普通の動詞と同様、文の2番目に置き、前つづりは離して文末に置きます。

Ich **fahre** heute **ab**. ＝ 私は今日**出発します**。
イヒ ファーレ ホイテ アプ

Der Zug **kommt** planmäßig **an**. ＝ 列車は定刻どおり**到着します**。
デア ツーク コムト プラーン・メースィヒ アン

※der Zug（列車）は［定冠詞＋名詞］で1つと考え、基礎部分kommenの人称変化形kommtは文の2番目とみなします。

●助動詞が使われる場合はそのまま

助動詞が使われる文では、普通の動詞と同様、前つづりが付いたままの不定形（原形）で文末に置きます。

助動詞（予定・推量）
Ich **werde** morgen **abfahren**. ＝ 私は明日**出発する予定**です。
イヒ ヴェルデ モルゲン アプ・ファーレン

助動詞（義務）
Der Zug **muss** planmäßig **ankommen**.
デア ツーク ムス プラーン・メースィヒ アン・コメン
＝ 列車は定刻どおり**到着しなければなりません**。

※助動詞についての概要はp.42～43を参照してください。
TEIL 4（第4章）にも詳しい説明があります。

基本ルール⑨ 助動詞

助動詞も主語によって人称変化する

動詞にニュアンスを加える助動詞

CD 23

動詞の意味に主観的なニュアンスを加える助動詞のことを、話法の助動詞と言います。ドイツ語には話法の助動詞が6つあります。

●話法の助動詞の人称変化

話法の助動詞も主語に応じて人称変化します。二人称単数Sie（ズィ）（あなた）と、すべての人称の複数形が不定形（原形）と同じなのは、動詞の変化と同様です。一人称と三人称の単数形は同形で、ほとんどは不定形の母音が変わります。

では、それぞれの助動詞の人称変化を見てみましょう。

können
（～できる）

	単数		複数	
一人称	ich イヒ	**kann** カン	wir ヴィア	**können** ケネン
二人称	Sie ズィ	**können** ケネン	Sie ズィ	
三人称	er エア sie ズィ es エス	**kann** カン	sie ズィ	

dürfen
（～してもよい）

	単数		複数	
一人称	ich イヒ	**darf** ダルフ	wir ヴィア	**dürfen** デュルフェン
二人称	Sie ズィ	**dürfen** デュルフェン	Sie ズィ	
三人称	er エア sie ズィ es エス	**darf** ダルフ	sie ズィ	

mögen
(～かもしれない)

		単数		複数
一人称	ich イヒ	**mag** マーク	wir ヴィア	
二人称	Sie ズィ	**mögen** メーゲン	Sie ズィ	**mögen** メーゲン
三人称	er エア / sie ズィ / es エス	**mag** マーク	sie ズィ	

müssen
(～しなければならない)

		単数		複数
一人称	ich イヒ	**muss** ムス	wir ヴィア	
二人称	Sie ズィ	**müssen** ミュッセン	Sie ズィ	**müssen** ミュッセン
三人称	er エア / sie ズィ / es エス	**muss** ムス	sie ズィ	

sollen
(～すべきである)

		単数		複数
一人称	ich イヒ	**soll** ゾル	wir ヴィア	
二人称	Sie ズィ	**sollen** ゾレン	Sie ズィ	**sollen** ゾレン
三人称	er エア / sie ズィ / es エス	**soll** ゾル	sie ズィ	

※主語以外の者の意思を表します。

wollen
(～したい)

		単数		複数
一人称	ich イヒ	**will** ヴィル	wir ヴィア	
二人称	Sie ズィ	**wollen** ヴォレン	Sie ズィ	**wollen** ヴォレン
三人称	er エア / sie ズィ / es エス	**will** ヴィル	sie ズィ	

●語順

助動詞は文頭から2番目の位置に置かれ、本来2番目にあった動詞は不定形にして文末に移動します。

主語	助動詞	目的語	動詞	
Sie ズィ	**kann** カン	Deutsch ドイチュ	**sprechen** シュプレッヒェン	. ＝ 彼女はドイツ語が話せます。
彼女は	～できる	ドイツ語	話す	

※疑問文では、助動詞を文頭に置き、次に主語を続けて、文末には「?」を付けます。

基本ルール⑩ 接続法

丁寧に要望を伝える接続法第2式

接続法第2式の人称変化

CD 24

ドイツ語の接続法には、間接話法で使われる第1式と、要望を婉曲に伝える第2式があります。ここではよく使う第2式について説明します。

●動詞の接続法第2式

動詞を接続法第2式の人称変化形にして使うと、婉曲表現になります。相手に丁寧に要望を伝えたいときなどに使えます。使用頻度の高い3つの動詞の人称変化と、用例を見てみましょう。

			～である sein ザイン	持っている haben ハーベン	～になる werden ヴェルデン
単数	一人称	ich イヒ	**wäre** ヴェーレ	**hätte** ヘッテ	**würde** ヴュルデ
単数	二人称	Sie ズィ	**wären** ヴェーレン	**hätten** ヘッテン	**würden** ヴュルデン
単数	三人称	er/sie/es エア ズィ エス	**wäre** ヴェーレ	**hätte** ヘッテ	**würde** ヴュルデ
複数	一～三人称	wir/Sie/sie ヴィア ズィ ズィ	**wären** ヴェーレン	**hätten** ヘッテン	**würden** ヴュルデン

Das **wäre** besser. = それがいいでしょう。
ダス ヴェーレ ベッサー

※dasは英語の「it」に当たる指示代名詞です。

Ich **hätte** eine Bitte an Sie.
イヒ ヘッテ アイネ ビッテ アン ズィ
= あなたにお願いがあるのですが。

※habenの接続法第2式を使った「～したい」「～がほしい」という表現です。

●助動詞の接続法第2式

話法の助動詞を接続法第2式の人称変化形にして使うと、動詞に可能・許可・義務などのニュアンスを加えるだけでなく、とても丁寧な表現になります。6つの助動詞の人称変化と、用例を見てみましょう。

			～できる	～してもよい	～かもしれない	～しなければならない	～すべきである	～したい
			können ケネン	dürfen デュルフェン	mögen メーゲン	müssen ミュッセン	sollen ゾレン	wollen ヴォレン
単数	一人称	ich イヒ	**könnte** ケンテ	**dürfte** デュルフテ	**möchte** メヒテ	**müsste** ミュステ	**sollte** ゾルテ	**wollte** ヴォルテ
単数	二人称	Sie ズィ	**könnten** ケンテン	**dürften** デュルフテン	**möchten** メヒテン	**müssten** ミュステン	**sollten** ゾルテン	**wollten** ヴォルテン
単数	三人称	er/sie/es エア ズィ エス	**könnte** ケンテ	**dürfte** デュルフテ	**möchte** メヒテ	**müsste** ミュステ	**sollte** ゾルテ	**wollte** ヴォルテ
複数	一～三人称	wir/Sie/sie ヴィア ズィ ズィ	**könnten** ケンテン	**dürften** デュルフテン	**möchten** メヒテン	**müssten** ミュステン	**sollten** ゾルテン	**wollten** ヴォルテン

Könnten Sie bitte langsam sprechen?
ケンテン ズィ ビッテ ラングザーム シュプレッヒェン
＝ ゆっくり話していただけますか？

Was möchten Sie?
ヴァス メヒテン ズィ
＝ 何をさしあげましょうか？（あなたは何がお望みですか？）

Ich **möchte** ein Glas Bier.
イヒ メヒテ アイン グラース ビーア
＝ ビールを1杯ください。

Sie **sollten** zum Arzt gehen.
ズィ ゾルテン ツム アールツト ゲーエン
＝ あなたは医者へ行ったほうがいいでしょう。

おさらい練習問題

① 次の名詞に付く適切な定冠詞（der、die、dasのいずれか）を空欄に記入してください。

1. [　　] Auto（自動車）
2. [　　] Frau（女性）
3. [　　] Haus（家）
4. [　　] Januar（1月）
5. [　　] Straße（通り）
6. [　　] Tisch（机）

② 次の名詞の複数形を空欄に記入してください。

単数形		複数形
1. die Blume（花）	→ die	
2. das Buch（本）	→ die	
3. das Café（カフェ）	→ die	
4. der Gast（客）	→ die	
5. das Kind（子ども）	→ die	
6. das Zimmer（部屋）	→ die	

③ 次の形容詞の適切な変化形を空欄に記入してください。

1. gut（いい） → der ＿＿＿＿ Wein
   = いいワイン

2. rot（赤い） → die ＿＿＿＿ Blume
   = 赤い花

3. jung（若い） → die ＿＿＿＿ Leute
   = 若い人々

4. neu（新しい） → ein ＿＿＿＿ Rock
   = 新しいスカート

5. alt（古い） → eine ＿＿＿＿ Jacke
   = 古い上着

6. blau（青い） → ein ＿＿＿＿ Hemd
   = 青いシャツ

正解： ① 1. das 2. die 3. das 4. der 5. die 6. der
② 1. Blumen 2. Bücher 3. Cafés 4. Gäste 5. Kinder 6. Zimmer
③ 1. gute 2. rote 3. jungen 4. neuer 5. alte 6. blaues

豆知識 一度は訪れたいクリスマスマーケット

お祭り好きのドイツでは、一年を通じてさまざま祭りやイベントが開催されています。春を呼ぶカーニバル、秋の収穫の季節に行われるオクトーバーフェストと呼ばれるビールの祭り、そして冬の風物詩クリスマスマーケットなどがあります。このクリスマスマーケットは、ドイツ各地で11月末からクリスマスイブまで開催されます。なかでも、三大クリスマスマーケットと呼ばれる「世界一有名なニュルンベルク」、「世界最大のシュトゥットガルト」、「世界最古のドレスデン」は、一度は訪れてみたいマーケットです。

いずれのクリスマスマーケットの会場にも美しいイルミネーションが光り輝き、ロマンティックな雰囲気を醸し出します。マーケットの屋台には、かわいらしいクリスマスのオーナメントやおもちゃを中心に、クリスマスクッキーや焼きソーセージなどが並び、多くの観光客や地元の人達で終日賑わいます。

寒さの厳しい冬のドイツのマーケットを訪れるには、頭から足先まで相当な防寒が必要です。屋台ではグリューワインと呼ばれる、この季節ならではのホットワインも売っています。このワインには柑橘類やスパイスが使われていて、体が芯から温まります。

寒いのが苦手という方には、中世の町並みが残るドイツ・ロマンティック街道のローテンブルクがおすすめ。ここには、一年中クリスマス用品を扱うお店「クリスマス・ビレッジ」があり、季節を問わずクリスマス気分が味わえます。

TEIL 3

そのまま覚える!
カタコトフレーズ

CD 25

あいさつ

ドイツでは買い物や食事などの際、まずお店の人とあいさつをかわすのが基本です。時間帯や状況での使い分けを覚えましょう。

おはようございます!

Guten Morgen!

グーテン モルゲン

※Morgenは「朝」という意味です。

朝起きてから9時くらいまでの時間帯に使います。

こんにちは!

Guten Tag!

グーテン ターク

※Tagは「昼間」という意味です。

朝から夕方まで幅広い時間帯に使える、あいさつの基本です。

やあ!

Hallo!

ハロー

カジュアルなあいさつ。電話のときの「もしもし」という表現にも使われます。

こんばんは!

Guten Abend!

グーテン アーベント

※Abendは「晩」という意味です。

夕方から夜にかけて使います。

さようなら!

Auf Wiedersehen!
アウフ　ヴィーダー・ゼーエン

このあとに［前置詞bis（ビス）（〜まで）＋ 再会する日時］を続けると、別れのあいさつのバリエーションが広がります。

Auf Wiedersehen,
アウフ　ヴィーダー・ゼーエン
（さようなら）

- bis bald!（またあとで!）
  ビス　バルト
- bis morgen!（また明日!）
  ビス　モルゲン
- bis nächste Woche!
  ビス　ネーヒステ　ヴォッヘ
  （また来週!）

TEIL 3 そのまま覚える! カタコトフレーズ

おやすみなさい!

Gute Nacht!
グーテ　ナハト

※Nachtは「夜」という意味です。

夜、別れるときに使うあいさつです。

豆知識　丁寧なあいさつ

あいさつのあとに相手の名前を添えると、より丁寧な表現になります。

Guten Tag, **Herr Meyer**!（マイヤーさん、こんにちは!）
グーテン　ターク　ヘア　マイヤー

※Herrは男性に対する敬称です。女性に対してはFrau［フラウ］を名前の前に付けます。

すぐに使える 簡単表現

CD 26

自己紹介

自己紹介をするときは、まず自分の名前を伝え、次に相手の名前を尋ねてから「はじめまして」とあいさつをするのが基本です。

私はサトウエミコといいます。

Ich heiße Emiko Sato.

イヒ ハイセ エミコ サトー

「～という名前である」という意味の動詞heißen［ハイセン］を使った表現です。

あなたは何という名前ですか？

Wie heißen Sie?

ヴィー ハイセン ズィ

疑問詞wie（どのように）を使った表現です。

あなたの名前は何といいますか？

Wie ist Ihr Name?

ヴィー イスト イーア ナーメ

あなたの趣味は何ですか？

Welche Hobbys haben Sie?

ヴェルヒェ ホビース ハーベン ズィ

疑問詞welch（どれ）を使った表現です。

はじめまして。

Freut mich.
フロイト　ミヒ

「喜ばせる」という意味の動詞freuen［フロイエン］を使った、あいさつの決まり文句です。

（あなたは）お元気ですか？

Wie geht es Ihnen?
ヴィー　ゲート　エス　イーネン

はい、おかげさまで元気です。あなたは？

Danke, es geht mir gut.
ダンケ　エス　ゲート　ミア　グート

Und Ihnen?
ウント　イーネン

あなたの職業は何ですか？

Was sind Sie von Beruf?
ヴァス　ズィント　ズィ　フォン　ベルーフ

※vonは「～について」という意味の前置詞。
Berufの意味は「職業」です。

疑問詞was（何）を使った表現です。

TEIL 3 そのまま覚える！ カタコトフレーズ

すぐに使える 簡単表現

CD 27

おれとおわび

お礼とおわびの表現は、相手に言われたときに返す言葉もセットで覚えておきましょう。

ありがとう。

Danke.
ダンケ

このあとに形容詞schön（シェーン）（心からの）を添えると、感謝の気持ちがより伝わります。

Danke schön.（ありがとうございます）
ダンケ シェーン

※本来は「美しい」という意味のschönですが、あいさつでは「心からの」という意味になります。

どういたしまして。

Bitte schön. /
ビッテ シェーン

Bitte sehr.
ビッテ ゼーア

英語の「please」に当たるbitteが使われています。

ありがとうございます。

Vielen Dank.
フィーレン ダンク

※Dankは「感謝」という意味の名詞です。

形容詞viel［フィール］（たくさんの）を使った表現です。

心から感謝申し上げます。

Herzlichen Dank.
ヘルツリヒェン　ダンク

形容詞herzlich［ヘルツリヒ］（心からの）を使った、とても丁寧な表現です。

ごめんなさい。

Entschuldigen Sie, bitte.
エント・シュルディゲン　ズィ　ビッテ

※英語の「I'm sorry.」とほぼ同じ表現です。

「許す」という意味の動詞entschuldigenを使った表現です。

何でもないですよ。

Das macht nichts.
ダス　マハト　ニヒツ

※machtは「する、作る」という意味の動詞machen［マッヘン］の人称変化形。nichtsは「何も～ない」という意味の代名詞です。

「たいしたことありませんよ」というニュアンスの決まり文句です。

すみません。

Entschuldigung.
エント・シュルディグング

やや軽いおわびの表現。呼びかけの言葉としても使われます。

※英語の「Excuse me.」と同じ表現です。

CD 28

返事・意思を伝える

自分の意思を明確に伝えることはとても大切です。肯定・否定の返事の他、会話の合間に使えるあいづち表現も覚えておきましょう。

はい。

Ja.
ヤー

いいえ。

Nein.
ナイン

相手の申し出を断る場合は、必ずdanke（ダンケ）を添えてください。丁寧な表現になります。

Nein, danke.（いいえ、結構です）
ナイン　ダンケ

わかりました。

Ich verstehe.
イヒ　フェア・シュテーエ

「理解する」という意味の動詞verstehen［フェア・シュテーエン］を使った表現です。

わかりません。

Ich verstehe nicht.
イヒ　フェア・シュテーエ　ニヒト

否定詞nichtを使った表現です。

その通りです。

Das stimmt.

ダス　シュティムト

「(事実に)合っている」という意味の動詞stimmen［シュティメン］を使った表現です。

その通り。

Genau.

ゲナウ

「まさに」という意味の副詞genauを使った表現です。

もちろん。

Natürlich.

ナテューリヒ

オーケー。

O.K.

オケー

なるほど。

Ach, so.

アハ　ゾー

本当?

Wirklich?

ヴィルクリヒ

すぐに使える 簡単表現

CD 29

感情を伝える

シンプルな感嘆表現を覚えましょう。作り方は形容詞に感嘆符「!」を付けるだけなので、とても簡単です。

素晴らしい!

Fantastisch!

ファンタスティッシュ

すてき!

Toll!

トル

お見事!

Bravo!

ブラーヴォ

とても美しいですね!

Sehr schön!

ゼーア　シェーン

※p.54でschönは「心からの」という意味でしたが、ここでは本来の「美しい」という意味です。

「とても、非常に」という意味の副詞sehrを使った表現です。

おもしろいですね!

Lustig!

ルスティヒ

lustigは「愉快な、楽しい」という意味の形容詞です。

おもしろいですね!

Interessant!

インテレサント

interessantは「興味深い」という意味の形容詞です。

おいしい!

Lecker!

レッカー

ひどい!

Wie schrecklich!

ヴィー　シュレックリヒ

とても残念です!

Sehr schade!

ゼーア　シャーデ

信じられない!

Unglaublich!

ウン・グラウプリヒ

すぐに使える 簡単表現

CD 30

尋ねる

疑問詞を使って尋ねる便利な表現を紹介します。疑問詞については次の章で詳しく説明しますので、ここではそのまま覚えてしまいましょう。

それは何ですか？

Was ist das?

ヴァス イスト ダス

※dasは「それ」という意味の指示代名詞です。

疑問詞was（何）を使った表現です。

それはどういう意味ですか？

Was bedeutet das?

ヴァス ベドイテット ダス

※bedeutetは「意味する」という意味の動詞bedeuten［ベドイテン］の人称変化形です。

いくらですか？

Was kostet das?

ヴァス コステット ダス

※kostetは「～の値段である」という意味の動詞kosten［コステン］の人称変化形です。

電車はいつ来ますか？

Wann kommt der Zug?

ヴァン コムト デア ツーク

※kommtは「来る」という意味の動詞kommen［コメン］の人称変化形です。

疑問詞wann（いつ）を使った表現です。

ここはどこですか？

Wo bin ich hier?

ヴォー　ビン　イヒ　ヒーア

疑問詞wo（どこ）を使った表現です。

※hierは「ここ」という意味の副詞です。

トイレはどこですか？

Wo ist die Toilette?

ヴォー　イスト　ディ　トイレッテ

何と言いましたか？

Wie bitte?

ヴィー　ビッテ

疑問詞wie（どのように）を使った表現。相手の言ったことが聞き取れなかったら、こう尋ねましょう。

※Bitte?だけでも同じ意味で「えっ?」と聞き返すのに使えますが、語尾を上げて発音しないと、別の意味（肯定の「はい」など）にとられます。

地下鉄の駅にはどうやって行けますか？

Wie komme ich zur U-Bahnstation?

ヴィー　コメ　イヒ　ツア

ウーバーン・シュタツィオーン

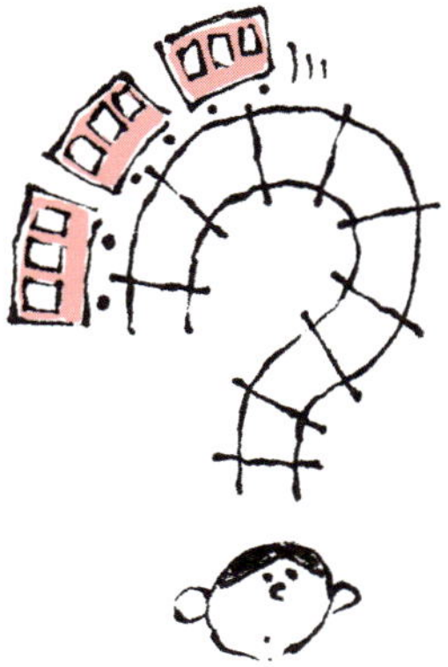

今、何時ですか？

Wie spät ist es jetzt?

ヴィー　シュペート　イスト　エス　イェツト

※［wie＋形容詞spät］で「どのくらい（時刻などが）遅い」となり、疑問文で時刻を尋ねる定型句を作ります。

TEIL 3 そのまま覚える！カタコトフレーズ

豆知識 日本とちょっと異なるドイツのマナー

ドイツでは、他人のテリトリー（住居はもちろん、レストランやお店など）に入るときは、あいさつを交わすというルールが広く一般化しています。日本ではレストランやお店に入ると、店員から先に「いらっしゃいませ！」と声をかけてくれますが、ドイツの場合はまず客側から「Guten（グーテン） Tag!（ターク）（こんにちは！）」と声をかけるのが一般的です（デパートなどの大規模店の場合は除きます）。スーパーでもレジ係の人とあいさつを交わすのが普通です。あいさつはしっかり相手の目を見ながら行いましょう。そしてお店を出るときも「Auf（アウフ） Wiedersehen!（ヴィーダー・ゼーエン）（さようなら！）」のあいさつを忘れずに。

また、ドイツではパブリックな空間と、個人のプライベートな空間とでは、許容される言動が明確に区別されており、公共の場では大人としての振る舞いが求められます。特にレストランなどの商業施設や公共交通機関では、公的なスペースであるという意識が強く、大声での会話や、子どもが大きな声を出したり、歩き回ったりすることはマナー違反になります。

日本とは大きく違うマナーの例を挙げると、ドイツでは他人の面前でのオナラはそれほど嫌がられませんが、ゲップは御法度。また、人前で鼻をかむことは問題ありませんが、鼻をすすることは周りの人にとても嫌われる行為です。

日本の商業施設や飲食店では自動ドアが当たり前ですが、ドイツでは自動ドアが少ないため、開閉の際は後続の人が出入りしやすいようにドアを押さえておくのが基本マナーです。また、エレベーターなどの乗り降りは、欧米一般のマナーとしてドイツでもレディーファーストです。

TEIL 4

マスターしたい！
基本フレーズ

4つの動詞 + 6つの助動詞 + 6つの疑問詞で会話力を身につけよう!

この章では、ドイツ語で重要な動詞、助動詞、疑問詞を取り上げて説明しています。

動詞は4つ、助動詞と疑問詞はそれぞれ6つずつマスターするだけで、日常会話で便利に使えるさまざまな表現がしっかり身につきます。

では、実際にどのような動詞、助動詞、疑問詞を覚えるのか、その概要を見てみましょう。

いろいろ使える4つの動詞

使用頻度の高い4つの動詞とその使い方を学習します。

sein
ザイン
= ～である
英語のbe動詞
※人の紹介や、物の説明に使います。

geben
ゲーベン
= 与える
英語の「give」
※注文するときや、存在の表現に使います。

haben
ハーベン
= 持っている
英語の「have」
※所有していることを表します。

werden
ヴェルデン
= ～になる
英語の「become」
※状況・状態の変化を表します。

覚えて便利な6つの助動詞

p.42～43で話法の助動詞の基礎を学びましたが、この章では話法の助動詞を含む重要な助動詞の使い方を学習します。

können
ケネン
を使って
↓
= ～してもよい
英語の「can」

dürfen
デュルフェン
を使って
↓
= ～してもよい
英語の「may」

wollen
ヴォレン
を使って
↓
= ～したい
英語の「will」

möchte
メヒテ
を使って
↓
= ～したい
英語の「would like to」

müssen
ミュッセン
を使って
↓
= ～しなければならない
英語の「must」

werden
ヴェルデン
を使って
↓
= ～だろう
英語の「will」

押さえておきたい6つの疑問詞

ドイツ語にも英語の5W1Hに当たる6大疑問詞があります。

was
ヴァス
= 何
英語の「what」

wann
ヴァン
= いつ
英語の「when」

warum
ヴァルム
= なぜ
英語の「why」

wo
ヴォー
= どこ
英語の「where」

wer
ヴェア
= 誰
英語の「who」

wie
ヴィー
= どのように
英語の「how」

sein
ザイン

～である

動詞seinは英語のbe動詞に当たり、「～である」という意味です。この動詞はさまざまなシチュエーションで使われます。

CD 31 **基本フレーズ①**

私は日本人です。

seinの一人称単数

私は	～である	日本人（男性）	
Ich	**bin**	**Japaner**	.
イヒ	ビン	ヤパーナー	

※Japanerは男性の場合。女性ならJapanerin［ヤパーナリン］です。

seinは主語の人称と数によって、次のように不規則変化します。

	単数		複数	
一人称	ich（私は）	**bin** ビン	wir（私達は）	**sind** ズィント
二人称	Sie（あなたは）	**sind** ズィント	Sie（あなた達は）	
三人称	er/sie/es（彼は/彼女は/それは）	**ist** イスト	sie（彼らは/彼女らは/それらは）	

※一般にsein、haben［ハーベン］（p.74参照）など、よく使われる動詞は、ほとんどが不規則変化します。

学習のポイント 自分や友人を紹介する

［人称代名詞（ich、er、sieなど）＋seinの人称変化形］のあとに、名前、職業、出身などを添えれば、自分や友人などを紹介するのに使えます。

Ich bin Mariko Takamura.
イヒ　ビン　マリコ　タカムラ

＝ 私はタカムラマリコです。

出身や職業など、人の属性を表す単語は、男性と女性で語尾が異なります。単語の多くは男性の場合、語尾が-erで、女性の場合はさらに-inが付きます。

Er ist Lehrer.
エア　イスト　レーラー

＝ 彼は先生（男性）です。

Sie ist Lehrerin.
ズィ　イスト　レーラリン

＝ 彼女は先生（女性）です。

※国籍、職業、身分などを示す単語には冠詞が付きません。

関連語句

□ 生徒
Schüler 男 /Schülerin 女
シューラー　シューラリン

□ 音楽家
Musiker 男 /Musikerin 女
ムーズィカー　ムーズィカリン

ミニ会話　CD 32

あなたはドイツ人（女性）ですか？
Sind Sie Deutsche?
ズィント　ズィ　ドイチェ

いいえ、私はオーストリア人（女性）です。
Nein, ich bin Österreicherin.
ナイン　イヒ　ビン　エスター・ライヒャリン

※「ドイツ人」は女性の場合、語尾が-inではないので注意。男性の場合はDeutscher［ドイチャー］。

CD 33 基本フレーズ②

こちらはシュミットさんです。

seinの三人称単数

こちらは	～である	シュミットさん	
Das	ist	Herr Schmidt	.
ダス	イスト	ヘア シュミット	

※Herrは男性に対する敬称です。女性に対してはFrau［フラウ］を名前の前に付けます。

学習のポイント　人の紹介や物の説明に使う

［指示代名詞das＋ist/sind（ズィント）（sein（ザイン）の人称変化形）］は、人を紹介したり、その物が何かを説明するのに使われる表現です。

Das sind meine Eltern.
ダス ズィント マイネ エルターン
＝ こちらは私の両親です。

※Eltern（両親）は複数形なので、seinは複数の変化形sindになります。

Das ist mein Reisekoffer.
ダス イスト マイン ライゼ・コッファー
＝ これは私のスーツケースです。

Das ist eine Brezel.
ダス イスト アイネ ブレーツェル
＝ これはプレッツェルです。

★Brezelとは、8の字型をしたドイツ名物の堅いパンです。

ミニ会話

CD 34

これはミヒャエル・エンデの本ですか?
Ist das ein Buch von Michael Ende?
イスト ダス アイン ブーフ フォン ミヒャエル エンデ

はい、そうです。
Ja, das ist es.
ヤー ダス イスト エス

この本はとても人気があります。
Das Buch ist sehr populär.
ダス ブーフ イスト ゼーア ポプレーア

★ミヒャエル・エンデは『はてしない物語』『モモ』で有名なドイツの児童文学作家です。

※vonは3格の名詞と結びつく前置詞(p.33参照)で、ここでは「～の」という意味で使われています。

これはドイツ製ですか?
Ist das ein deutsches Produkt?
イスト ダス アイン ドイチェス プロドゥクト

いいえ、これはスイス製のものです。
Nein, das ist aus der Schweiz.
ナイン ダス イスト アウス デア シュヴァイツ

とてもお買得ですよ。
Das ist sehr preiswert.
ダス イスト ゼーア プライス・ヴェアト

いいですね。それをいただきます。
Gut, das nehme ich.
グート ダス ネーメ イヒ

※通常国名には冠詞が付きませんが、スイスの場合は定冠詞が付きます。

※ausも3格の名詞と結びつく前置詞で、ここでは出所・由来を表しています。

geben
ゲーベン

与える

英語の「give」に当たるのが、「与える」という意味の動詞gebenです。何かを注文するときは、3格（〜に）と4格（〜を）の目的語をとった「〜に〜を与える」という表現がよく使われます。

CD 35 基本フレーズ①

コーヒーを1つください。
（私にコーヒーを与えてください）

gebenの二人称単数 / 3格の目的語 / 4格の目的語

与える	あなたは	私に	どうぞ	コーヒー（男性名詞）1つを
Geben	Sie	mir	bitte	einen Kaffee.
ゲーベン	ズィ	ミア	ビッテ	アイネン カフェ

※bitteのあとには、必ず4格の名詞を続けます。

gebenは、主語が一人称と三人称の単数のときに変化します。

	単数		複数	
一人称	ich（私は）	gebe ゲーベ	wir（私達は）	geben ゲーベン
二人称	Sie（あなたは）	geben ゲーベン	Sie（あなた達は）	geben ゲーベン
三人称	er/sie/es（彼は/彼女は/それは）	gibt ギーブト	sie（彼らは/彼女らは/それらは）	geben ゲーベン

※三人称単数形は不規則変化してgibtとなります。

学習のポイント 注文に便利な表現

Geben Sie mir bitte～はレストランで注文したり、ショップでほしいと伝えたりするのに便利なフレーズです。通常、動詞を文頭に置くのは命令文の形ですが、英語の「please」に当たるbitteを使うことで依頼表現になります。

左ページでは、注文するKaffeeは男性名詞なのでeinenが付いていますが、これは不定冠詞ではなく、「1つ」という意味の数詞として使われています。「カップ、茶碗」という意味の女性名詞Tasse（タッセ）を使う場合は、その性に合わせてeine（アイネ）になります。

einen Kaffee（男）
アイネン　カフェ
＝ コーヒー1つを

↓

eine Tasse Kaffee（女）
アイネ　タッセ　カフェ
＝ 1杯のコーヒーを

ミニ会話

CD 36

何になさいますか？
Was darf es sein?
ヴァス　ダルフ　エス　ザイン

※店員が注文を聞くときの決まり文句です。

白ワインのボトルを1本、お願いします。
Geben Sie mir bitte eine
ゲーベン　ズィ　ミア　ビッテ　アイネ
Flasche Weißwein.
フラッシェ　ヴァイス・ヴァイン

※Flascheは「瓶」。2本頼みたいときは、zwei Flaschen［ツヴァイ フラッシェン］となります。
※Weißweinは「白ワイン」。「赤ワイン」ならRotwein［ロート・ヴァイン］です。

CD 37 基本フレーズ②

ここには いいレストランがあります。

gebenの三人称単数　　　　4格の目的語

～がある	ここ	いいレストラン（中性名詞）を
Es gibt	hier	ein gutes Restaurant .
エス　ギーブト	ヒーア	アイン　グーテス　レストラーン

※形容詞gutesの前にある不定冠詞einは、1格ではなく4格の変化形です（p.28参照）。

学習のポイント　存在することを表す

［es＋gibt（geben（ゲーベン）の三人称単数形）］と4格（～を）の名詞を組み合わせると、「～がある、存在する」という慣用表現になります。

疑問文Gibt es～？にすれば、「～はありますか？」と存在を尋ねる便利なフレーズになります。

（eine Toilette：4格 女）

Gibt es hier eine Toilette**?**

ギーブト　エス　ヒーア　アイネ　トイレッテ

＝ ここにはトイレがありますか？

（eine Bushaltestelle：4格 女※）

Gibt es hier in der Nähe eine Bushaltestelle**?**

ギーブト　エス　ヒーア　イン　デア　ネーエ　アイネ　ブス・ハルテシュテレ

＝ この近くにバスの停留所はありますか？

※Bushaltestelle（バスの停留所）は、男性名詞Bus（バス）と女性名詞Haltestelle（停留所）を組み合わせた複合名詞です。複合名詞の性・数は、最後の名詞の性・数に従います。

疑問詞was（ヴァス）（何）とgibt esを使った疑問文で「何がありますか?」と尋ねるフレーズを作ることもできます。

Was gibt es Neues?
ヴァス　ギープト　エス　ノイエス
＝ 何か新しいことはありますか?

※Neuesは「新しい」を意味する形容詞neu［ノイ］が名詞化したもので、「新しいもの」という意味。名詞なので、語頭は大文字です。

Was gibt es heute zu Mittag?
ヴァス　ギープト　エス　ホイテ　ツー　ミッターク
＝ 今日の昼食は何ですか?

※Mittagの意味は「正午、お昼」ですが、前置詞zu（〜に）が付いて文中では「お昼に（食べるもの）→ 昼食」という意味になります。

ミニ会話

CD 38

今日の分のチケットはまだありますか?
Gibt es noch Karten für heute?
ギープト　エス　ノホ　カルテン　フュア　ホイテ

いいえ、もう1枚もありません。
Nein, es gibt keine Karten mehr.
ナイン　エス　ギープト　カイネ　カルテン　メア

いつの分ならありますか?
Für welchen Tag haben Sie noch Karten?
フュア　ヴェルヒェン　ターク　ハーベン　ズィ　ノホ　カルテン

明日の分ならありますよ。
Für morgen gibt es noch Karten.
フュア　モルゲン　ギープト　エス　ノホ　カルテン

※nochは「まだ」という意味の副詞です。

※es gibtのあとに［否定冠詞kein(e)＋名詞＋mehr］が続くと、「もう〜が1つもない」という意味になります。

haben
ハーベン

持っている

動詞habenは英語の「have」に当たり、「持っている、所有している」という意味で、4格の目的語をとる他動詞（p.40参照）です。

CD 39 基本フレーズ

私には兄弟姉妹が2人います。
（私は兄弟姉妹を2人持っています）

habenの一人称単数　　4格の目的語

私は	持っている	2人	兄弟姉妹を
Ich	habe	zwei	Geschwister.
イヒ	ハーベ	ツヴァイ	ゲシュヴィスター

※「兄弟」はBruder［ブルーダー］、「姉妹」はSchwester［シュヴェスター］です。

habenは、主語が一人称と三人称の単数のときに変化します。

	単数		複数	
一人称	ich（私は）	habe ハーベ	wir（私達は）	haben ハーベン
二人称	Sie（あなたは）	haben ハーベン	Sie（あなた達は）	
三人称	er/sie/es（彼は/彼女は/それは）	hat ハット	sie（彼らは/彼女らは/それらは）	

※三人称単数形は不規則変化してhatとなります。

学習のポイント 所有していることを表す

［ich ＋ habenの人称変化形 ＋ 目的語（4格）］で「私は～を持っている」という表現。左ページでは対象が人（兄弟姉妹）なので「～がいる」という意味になります。

habenの目的語となるのは、具体的な人や物だけではありません。時間や状態などもその対象になります。

● 時間を持っている → 時間がある

Ich habe Zeit.
イヒ ハーベ ツァイト
＝ 私は時間があります。

● 空腹を持っている → お腹がすいている

Er hat Hunger.
エア ハット フンガー
＝ 彼はお腹がすいています。

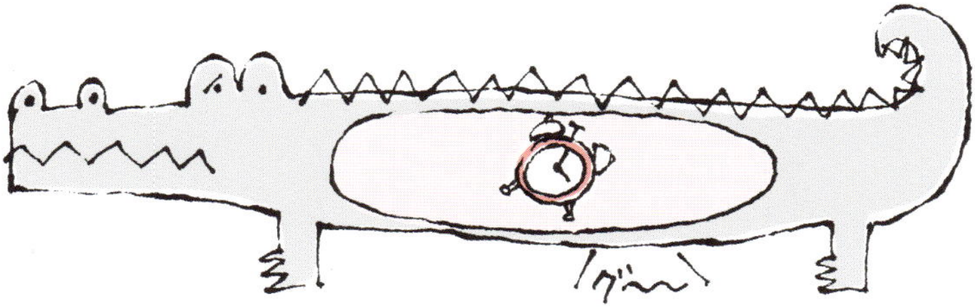

主語の人称をSie（ズィ）（あなた）に変えてHaben Sie～?という疑問文にすると、「あなたは～を持っていますか?」→「～はありますか?」と尋ねる表現になります。

Haben Sie einen Stadtplan?
ハーベン ズィ アイネン シュタット・プラーン
＝ 市街地図はありますか?

※観光案内所やホテルのフロントで使えるフレーズです。

Haben Sie noch ein Zimmer frei?
ハーベン ズィ ノホ アイン ツィマー フライ
＝ まだ空き部屋はありますか?

※nochは「まだ」という意味の副詞、freiは「空いている」という意味の形容詞です。

werden
ヴェルデン

～になる

動詞werdenは英語の「become」に当たり、「～になる」という意味です。この動詞は助動詞（～だろう）としてもよく使われます（p.88参照）。

CD 40 **基本フレーズ**

私は医者になります。

werdenの一人称単数

私は	～になる	（女性の）医者	
Ich	**werde**	Ärztin	.
イヒ	ヴェルデ	エールツティン	

※職業を示す名詞に冠詞は付きません。また、職業を示す名詞は、主語の性によって語尾が異なります（p.67参照）。「（男性の）医者」はArzt［アールツト］です。

werdenは、主語が一人称と三人称の単数のときに変化します。

	単数		複数	
一人称	ich（私は）	**werde** ヴェルデ	wir（私達は）	**werden** ヴェルデン
二人称	Sie（あなたは）	**werden** ヴェルデン	Sie（あなた達は）	
三人称	er/sie/es（彼は/彼女は/それは）	**wird** ヴィルト	sie（彼らは/彼女らは/それらは）	

※三人称単数形は不規則変化してwirdとなります。

学習のポイント 状況・状態の変化を表す

［ich ＋ werdenの人称変化形 ＋ 述語］で「私は～になる」という表現です。

次のように人以外（物や日時など）が主語になって、「～（の状態）になる」という表現もあります。

Der Kaffee wird kalt.
デア カフェ ヴィルト カルト
＝ コーヒーが冷めます。

Es wird Nacht.
エス ヴィルト ナハト
＝ 夜になります。

※esは英語の「it」に当たる仮の主語で（非人称のesと呼ばれます）、明確な意味を持ちません。日時や天候などを表すときに使われます。

比較級を使った表現

ドイツ語のほとんどの形容詞は、原形の語尾に-erを付けると比較級になります。［werdenの人称変化形 ＋ 副詞immer（イマー） ＋ 比較級］で「だんだん～になる」という例を見てみましょう。

Die Tage werden immer länger.
ディ ターゲ ヴェルデン イマー レンガー
＝ 日がだんだん長くなります。

※TageはTag［ターク］（1日）の複数形。ここでは「日中」という意味で使われています。
※längerはlang［ラング］（長い）の比較級。このように単語によっては母音にウムラウトが付きます。

覚えて便利な　6つの助動詞

könnenを使って ～してもよい①

ケネン

助動詞könnenは英語の「can」に当たり、動詞と結びついて「～できる」という意味になります。疑問文では「～してもいいですか?」と相手に許可を求めたり、依頼の表現になります。

CD 41 基本フレーズ

窓を開けてもいいですか?

könnenの一人称単数　動詞の不定形（原形）

Kann カン	ich イヒ 私は	das Fenster ダス フェンスター 窓を	öffnen エフネン 開ける	?

～してもいいですか?

※助動詞を使った文では、動詞は不定形で文末に、目的語は動詞の前に置かれます。

könnenは、主語が一人称と三人称の単数のときに変化します。

	単数		複数	
一人称	ich（私は）	kann カン	wir（私達は）	können ケネン
二人称	Sie（あなたは）	können ケネン	Sie（あなた達は）	
三人称	er/sie/es （彼は/彼女は/それは）	kann カン	sie（彼らは/彼女らは/それらは）	

学習のポイント　許可を求める

［könnenの人称変化形 ＋ ich/man（マン）］と動詞の不定形を使った疑問文で、許可を求める表現になります。

※manは一般的な許可を求めるのに使う不定代名詞です（p.81参照）。

〈個人が許可を求める〉

Kann ich die Tür schließen?
カン　イヒ　ディ　テューア　シュリーセン

＝ ドアを閉めてもいいですか？

〈一般的な許可を求める〉

Kann man hier das Blitzlicht benutzen?
カン　マン　ヒーア　ダス　ブリッツ・リヒト　ベヌッツェン

＝ ここでフラッシュは使えますか？

※Blitzlichtはカメラの「フラッシュ」という意味の名詞です。

相手に何かをしてほしいとき

［können ＋ Sie］と動詞の不定形を使った疑問文では、「～してもらえますか？」と相手に何かを依頼する表現として使えます。

※このとき、英語の「please」に当たるbitteを添えてください。

Können Sie mir **bitte** ein Taxi rufen?
ケネン　ズィ　ミア　ビッテ　アイン　タクスィ　ルーフェン

＝ タクシーを呼んでもらえますか？

さらにkönnenの接続法第2式（p.45参照）を使うと、より丁寧な表現になります。

Könnten Sie es **bitte** noch einmal sagen?
ケンテン　ズィ　エス　ビッテ　ノホ　アイン・マール　ザーゲン

＝ もう一度言っていただけますか？

TEIL 4 マスターしたい！基本フレーズ

dürfenを使って～してもよい②

デュルフェン

助動詞dürfenは英語の「may」に当たり、動詞と結びついて「～してもよい」という意味になります。日常会話では疑問文で相手の許可を求める表現によく使われます。

CD 42 基本フレーズ

これを試着してもいいですか？

dürfenの一人称単数　　動詞の不定形（原形）

Darf	ich	das	anprobieren	?
ダルフ	私は イヒ	これを ダス	試着する アン・プロビーレン	

～してもいいですか？

dürfenは、主語が一人称と三人称の単数のときに変化します。

	単数		複数	
一人称	ich（私は）	darf ダルフ	wir（私達は）	dürfen デュルフェン
二人称	Sie（あなたは）	dürfen デュルフェン	Sie（あなた達は）	
三人称	er/sie/es （彼は/彼女は/それは）	darf ダルフ	sie（彼らは/彼女らは/それらは）	

学習のポイント 許可を求める

［dürfenの人称変化形 ＋ ich/wir］と動詞の不定形を使った疑問文で、自分（達）が何かをしてもいいかどうか、許可を求めます。p.78で学習したkönnenと同様に許可を求める表現ですが、こちらのdürfenのほうがより丁寧なニュアンスになります。

Darf ich Sie etwas fragen?
ダルフ　イヒ　ズィ　エトヴァス　フラーゲン
＝ ちょっとお尋ねしてもいいですか？

Dürfen wir hier essen und trinken?
デュルフェン　ヴィア　ヒーア　エッセン　ウント　トリンケン
＝（私達は）ここで飲食してもいいですか？

「できる／できない」を確認

主語に一人称のich/wirを使わず、不特定の人を意味する不定代名詞man（マン）を使うと、特定の個人が許可を求めるのではなく、一般的にできるかどうかについて確認できます。

※この場合、dürfenは三人称単数の変化形darfを使います。

Darf man hier das Handy benutzen?
ダルフ　マン　ヒーア　ダス　ヘンディ　ベヌッツェン
＝ ここでは携帯電話を使えますか？

Darf man hier parken?
ダルフ　マン　ヒーア　パルケン
＝ ここに駐車できますか？

wollenを使って～したい①
ヴォレン

助動詞wollenは英語の「will」に当たり、動詞と結びついて「～したい」という意味になります。自分の要望を相手に伝える際の大事な言い回しです。

CD 43 基本フレーズ

お金を両替したいです。

私は	～したい	お金を	交換する	
Ich	will	Geld	wechseln	.
イヒ	ヴィル	ゲルト	ヴェクセルン	

will：wollenの一人称単数
wechseln：動詞の不定形（原形）

wollenは、主語が一人称と三人称の単数のときに変化します。

	単数		複数	
一人称	ich（私は）	will ヴィル	wir（私達は）	wollen ヴォレン
二人称	Sie（あなたは）	wollen ヴォレン	Sie（あなた達は）	
三人称	er/sie/es（彼は/彼女は/それは）	will ヴィル	sie（彼らは/彼女らは/それらは）	

学習のポイント **要望を伝える**

［ich/wir + wollenの人称変化形］に動詞の不定形を組み合わせて、自分（達）が「～したい」という意思を伝えます。

Ich **will** mit Kreditkarte bezahlen.
イヒ　ヴィル　ミト　クレディート・カルテ　ベツァーレン

＝ クレジットカードで支払いたいです。

※前置詞mitは、ここでは手段・方法を表しています。
※現金で支払いたい場合は、mit Kreditkarteをbar［バー］に替えて言いましょう。

一緒にしたいことを提案

Wollen wir ～?という疑問文の形にすると、「（自分達が）～しませんか?」と提案をする表現になります。

Wollen wir heute Abend ins Kino gehen?
ヴォレン　ヴィア　ホイテ　アーベント　インス　キーノ　ゲーエン

＝ 今晩、映画を観(み)に行きませんか?

※insは前置詞in［イン］（～へ）と定冠詞das［ダス］の融合形です。

Wollen wir durch die Stadt bummeln?
ヴォレン　ヴィア　ドゥルヒ　ディ　シュタット　ブメルン

＝ 街を散歩しませんか?

※durchは「～を通って」という意味の前置詞、bummelnは「散歩する、ブラブラする」という意味の動詞です。

覚えて便利な　6つの助動詞

möchteを使って～したい②

メヒテ

möchteは助動詞mögen（メーゲン）（～かもしれない）の接続法第2式（p.45参照）です。英語の「would like to」（「want」よりも丁寧）に当たり、動詞と結びついて「～したい」という意味になります。

CD 44 **基本フレーズ**

私はコンサートへ行きたいです。

mögenの接続法第2式 → möchte
動詞の不定形（原形） → gehen

私は	～したい	コンサートへ	行く	
Ich	**möchte**	ins Konzert	gehen	.
イヒ	メヒテ	インス　コンツェルト	ゲーエン	

※insは前置詞in［イン］（～へ）と定冠詞das［ダス］の融合形です。

mögenの接続法第2式の人称変化を見てみましょう。一人称と三人称の単数形、二人称単数形とすべての人称の複数形は同じ形です。

	単数		複数	
一人称	ich（私は）	**möchte** メヒテ	wir（私達は）	**möchten** メヒテン
二人称	Sie（あなたは）	**möchten** メヒテン	Sie（あなた達は）	
三人称	er/sie/es（彼は/彼女は/それは）	**möchte** メヒテ	sie（彼らは/彼女らは/それらは）	

学習のポイント 丁寧に要望を伝える

接続法第2式のmöchteは要望を伝える表現に使い、p.82のwollen（ヴォレン）よりも丁寧な言い回しになります。［ich/wir + möchte（n）］に動詞の不定形を組み合わせて、自分（達）がしたいことを伝えます。

Ich möchte ein Zimmer reservieren.
イヒ　メヒテ　アイン　ツィマー　レザヴィーレン
＝ 私は部屋を予約したいです。

Wir möchten eine Stadtrundfahrt machen.
ヴィア　メヒテン　アイネ　シュタット・ルントファールト　マッヘン
＝ 私達は市内観光をしたいです。

注文などに便利な丁寧表現

動詞を省いた［ich/wir + möchte（n）+ 目的語］の形にすると、「～がほしい」→「～をください」という表現になります。

Ich möchte eine Flasche Bier.
イヒ　メヒテ　アイネ　フラッシェ　ビーア
＝ ビールを1本ください。

möchte(n)のあとに副詞gern（ゲルン）を加えれば「～したいのですが」と、より丁寧な表現になります。

Wir möchten gern zwei Eintrittskarten.
ヴィア　メヒテン　ゲルン　ツヴァイ　アイントリッツ・カルテン
＝（私達は）入場券を2枚ほしいのですが。

müssen を使って ～しなければならない

ミュッセン

助動詞 müssen は英語の「must」に当たり、動詞と結びついて「～しなければならない」という意味になります。義務や行動の必要性を表すのに使われます。

CD 45 基本フレーズ

私は明日、
働かなければなりません。

müssen の一人称単数　　動詞の不定形（原形）

私は	～しなければならない	明日	働く	
Ich	muss	morgen	arbeiten	.
イヒ	ムス	モルゲン	アルバイテン	

müssen は、主語が一人称と三人称の単数のときに変化します。

	単数		複数	
一人称	ich（私は）	muss ムス	wir（私達は）	müssen ミュッセン
二人称	Sie（あなたは）	müssen ミュッセン	Sie（あなた達は）	
三人称	er/sie/es（彼は/彼女は/それは）	muss ムス	sie（彼らは/彼女らは/それらは）	

学習のポイント

義務・必要性を表す

［主語 + müssen の人称変化形］に動詞の不定形を組み合わせて、誰かが何かしなければならないことを表します。

Ich muss am nächsten Bahnhof umsteigen.
イヒ　ムス　アム　ネーヒステン　バーンホーフ　ウム・シュタイゲン

= 私は次の駅で乗り換えなければなりません。

※ am は前置詞 an［アン］（～で）と定冠詞 dem［デム］の融合形。
umsteigen は「乗り換える」という意味の動詞です。

Er muss jetzt nach Hause gehen.
エア　ムス　イェツト　ナーハ　ハウゼ　ゲーエン

= 彼はもう帰宅しなければなりません。

※ jetzt は「今」という意味の副詞です。

必要があるかどうかを確認

［müssen の人称変化形 + ich/wir］と動詞の不定形を使った疑問文にすると、自分（達）が何かする必要があるかどうかを確認する表現に使えます。

Müssen wir einen Tisch reservieren?
ミュッセン　ヴィア　アイネン　ティシュ　レザヴィーレン

= 席（テーブル）を予約しなければなりませんか？

Muss ich eine Krawatte tragen?
ムス　イヒ　アイネ　クラヴァッテ　トラーゲン

= （私は）ネクタイを着用しなければなりませんか？

※ tragen は「身につける」という意味の動詞です。

TEIL 4 マスターしたい！基本フレーズ

覚えて便利な 6つの助動詞

werden を使って ～だろう

ヴェルデン

p.76で「～になる」という意味の動詞として紹介したwerdenは、英語の「will（～だろう）」に当たる助動詞としてもよく使われます。

CD 46 **基本フレーズ**

電車はまもなく来るでしょう。

werdenの三人称単数　　動詞の不定形（原形）

電車は	～だろう	まもなく	来る	
Der Zug	**wird**	bald	kommen	.
デア　ツーク	ヴィルト	バルト	コメン	

未来の予定・推量を表す

学習のポイント

［主語 ＋ werdenの人称変化形］に動詞の不定形を組み合わせると、予定や推量を表します（werdenの人称変化はp.76を参照）。

Sie wird morgen nach Japan zurückfliegen.
ズィ　ヴィルト　モルゲン　ナーハ　ヤーパン　ツリュック・フリーゲン
＝ 彼女は明日、日本へ帰国する予定です。

※zurückfliegen（飛行機で戻る）は分離動詞です（p.41参照）。

ミニ会話

CD 47

ドイツにはどのくらい滞在予定ですか？

Wie lange werden Sie in Deutschland bleiben?

ヴィー　ランゲ　ヴェルデン　ズィ　イン　ドイチュラント　ブライベン

（私は）そこには2週間、滞在の予定です。

Ich werde dort zwei Wochen bleiben.

イヒ　ヴェルデ　ドルト　ツヴァイ　ヴォッヘン　ブライベン

※zwei　Wochenは「2週間」という意味の名詞ですが、ここでは副詞的に使われていて「2週間の期間」という意味になります。

空がだんだん暗くなってきています。

Der Himmel wird immer dunkler.

デア　ヒンメル　ヴィルト　イマー　ドゥンクラー

お天気はどうなるでしょう？

Wie wird das Wetter?

ヴィー　ヴィルト　ダス　ヴェター

すぐに雨になるでしょう。

Es wird gleich regnen.

エス　ヴィルト　グライヒ　レーグネン

※［immer＋比較級］で、「だんだん、ますます」という意味です（p.77参照）。

※dunklerは「暗い」という意味の形容詞dunkel［ドゥンケル］の比較級。英語と同様、語尾に-erを付けて作りますが、この場合は例外的にdunkelのeが省略されます。

押さえておきたい　6つの疑問詞

was を使って

ヴァス

何？

wasは英語の「what」に当たる「何？」という意味の疑問詞です。動詞と組み合わせた疑問文で、質問のバリエーションが広がります。

CD 48 基本フレーズ

それは何ですか？

疑問詞　seinの三人称単数

Was	ist	das	?
ヴァス	イスト	ダス	
	～である	それは	

何？

学習のポイント　疑問詞は文頭に置く

疑問詞を使った疑問文の作り方は、疑問詞を文頭に置き、次に動詞の人称変化形、主語を続けて、文末に「?」を付けるのが基本です。

疑問詞	動詞	主語	前置詞	3格の名詞	
Was	sind	Sie	von	Beruf	?
ヴァス	ズィント	ズィ	フォン	ベルーフ	
何	～である	あなたは	～について	職業	

（あなたの職業は何ですか？）

学習のポイント 具体的な答えを求める

wasのあとに動詞の人称変化形を続けた疑問文で、具体的に何なのかを尋ねます。

Was haben Sie?
ヴァス　ハーベン　ズィ
＝（あなたは）何を持っていますか？

Was bedeutet das auf Deutsch?
ヴァス　ベドイテット　ダス　アウフ　ドイチュ
＝ それはドイツ語でどういう意味ですか？

どんな種類かを尋ねる

4格の名詞と結びつく前置詞für（フュア）（p.33参照）を使った［Was für ＋ 名詞（4格）～?］の形で、どんな種類かを尋ねる表現になります。

Was für ein Auto fährt er?
ヴァス　フュア　アイン　アウト　フェーアト　エア
＝ 彼はどんな車を運転していますか？

Was für Bücher lesen Sie?
ヴァス　フュア　ビューヒャー　レーゼン　ズィ
＝（あなたは）どんな本を読みますか？

要望の対象を尋ねる

［was ＋ mögen（メーゲン）の接続法第2式（p.45参照）］に動詞の不定形を組み合わせた疑問文で、相手の要望の対象を尋ねる、丁寧な表現になります。

Was möchten Sie essen?
ヴァス　メヒテン　ズィ　エッセン
＝（あなたは）何を食べたいですか？

※essenは「食べる」という意味の動詞。「飲む」はtrinken［トリンケン］です。

wann を使って

ヴァン

いつ?

wannは英語の「when」に当たる「いつ?」という意味の疑問詞です。

CD 49 基本フレーズ

美術館は何時に閉まりますか?

疑問詞 / schließenの三人称単数

Wann	schließt	das Museum	?
ヴァン	閉まる シュリースト	美術館は ダス ムゼーウム	

いつ?

※schließen［シュリーセン］は「閉まる」という意味の動詞です。

学習のポイント 時を尋ねる

wannのあとに動詞の人称変化形を続けた疑問文で、具体的な時間や時期を尋ねます。

Wann kommt der nächste Bus zur Universität?

ヴァン コムト デア ネーヒステ ブス ツア ウニヴェアズィテート

= 次の大学行きのバスはいつ来ますか?

※zurは前置詞zu［ツー］（～へ）と定冠詞derの融合形です。

Wann kommt er **zurück?**

ヴァン コムト エア ツリュック

= 彼はいつ戻ってきますか?

※「戻る」という意味の分離動詞（p.41参照）zurückkommen［ツリュック・コメン］を使った表現です。

期間を尋ねる

wannは、起点を示すab(アプ)、到達点を示すbis(ビス)、継続を示すseit(ザイト)などの前置詞との組み合わせで、期間を尋ねる表現になります。

● **ab**（～から）＋**wann** … いつ（何時）から

Ab wann kann man frühstücken**?**

アプ　ヴァン　カン　マン　フリュー・シュテュッケン

＝ 朝食は何時から食べられますか？

※frühstückenは「朝食を食べる」という意味の動詞です。

● **bis**（～まで）＋**wann** … いつ（何時）まで

Bis wann wird er hier bleiben**?**

ビス　ヴァン　ヴィルト　エア　ヒーア　ブライベン

＝ 彼はいつまでここに滞在するのだろう？

● **seit**（～以来）＋**wann** … いつ以来

Seit wann kennen Sie ihn**?**

ザイト　ヴァン　ケネン　ズィ　イーン

＝ あなたはいつから彼を知っているのですか？

ミニ会話

CD 50

展覧会はいつまでやっていますか？

Bis wann läuft die Ausstellung?

ビス　ヴァン　ロイフト　ディ　アウス・シュテルング

来週の月曜日までです。

Bis nächsten Montag.

ビス　ネーヒステン　モーン・ターク

※läuftは動詞laufen［ラウフェン］（走る、進行する）の人称変化形です。ここでは「開催される」の意味。

※形容詞nächst［ネーヒスト］（次の）が、4格の名詞と結びつく前置詞bisの影響で格変化しています。

押さえておきたい　6つの疑問詞

warum を使って

ヴァルム

なぜ?

warumは英語の「why」に当たる「なぜ?」という意味の疑問詞です。

CD 51 **基本フレーズ**

なぜあなたはドイツ語を勉強するのですか?

疑問詞　lernenの二人称単数

学ぶ	あなたは	ドイツ語を	
Warum	lernen	Sie	Deutsch	?
ヴァルム	レルネン	ズィ	ドイチュ	

なぜ?

学習のポイント　**理由を尋ねる**

warumのあとに動詞の人称変化形を続けた疑問文で、具体的な理由を尋ねます。

Warum fragt sie ihn nicht?

ヴァルム　フラークト　ズィ　イーン　ニヒト

= なぜ彼女は彼に聞かないのですか?

Warum müssen wir hier bleiben?

ヴァルム　ミュッセン　ヴィア　ヒーア　ブライベン

= どうして私達はここに留(とど)まらなければならないのですか?

理由を答える「～だから」

Warum～? の質問に答えるときは、英語の「because」に当たる接続詞weil（ヴァイル）（～だから）を使います。warumとセットで覚えましょう。

Warum kommt er nicht?
ヴァルム　コムト　エア　ニヒト
= なぜ彼は来ないのですか？

Weil er keine Zeit hat.
ヴァイル　エア　カイネ　ツァイト　ハト
= （彼は）時間がないからです。

※名詞Zeit（時間）の前に否定冠詞keineを付けた否定文。weilを使った文では、動詞は文末に置かれます。

ミニ会話

CD 52

なぜそんなに（値段が）高いのですか？
Warum ist das so teuer?
ヴァルム　イスト　ダス　ゾー　トイアー

※teuerは「高価な」という意味の形容詞です。

バイオ製品だからです。
Weil das ein Bioprodukt ist.
ヴァイル　ダス　アイン　ビオ・プロドゥクト　イスト

これから散歩に行きませんか？
Wollen wir jetzt
ヴォレン　ヴィア　イエツト
spazieren gehen?
シュパツィーレン　ゲーヘン

※spazieren gehen（散歩をする）は［動詞＋動詞］の分離動詞（p.41参照）。表記の際は常に2つに離すという決まりがあります。

はい、もちろん。
Ja, warum nicht.
ヤー　ヴァルム　ニヒト

※英語の「why　not」に当たる表現で、相手の提案に対し積極的に同意するときの決まり文句です。

wo を使って
ヴォー

どこ？

woは英語の「where」に当たる「どこ？」という意味の疑問詞です。

CD 53 基本フレーズ

駅はどこですか？

疑問詞	sein の三人称単数		
	～である	駅は	
Wo	ist	der Bahnhof	**?**
ヴォー	イスト	デア　バーンホーフ	
どこ？			

※尋ねる対象が複数の場合、動詞は複数形（ist→sind［ズィント］）になります。

学習のポイント　場所を尋ねる

woと動詞を組み合わせた疑問文で、具体的な場所を尋ねます。

Wo wohnen Sie?
ヴォー　ヴォーネン　ズィ
＝（あなたは）どこに住んでいますか？

Wo gibt es eine Bank?
ヴォー　ギープト エス　アイネ　バンク
＝ 銀行はどこにありますか？

※p.72で学習したes gibt（～がある）を使った表現です。

出発・到達する場所を尋ねる

移動する方向を表す副詞her(ヘア)やhin(ヒン)とwoが結合した疑問詞もよく使われます。

● **wo+her（こちらへ）→ woher（どこから）**

Woher kommen Sie?
ヴォーヘア　コメン　ズィ

=（あなたは）どこから来たのですか？

※herは、話し手のほうへ近づく方向を表します。

● **wo+hin（向こうへ）→ wohin（どこへ）**

Wohin gehen Sie?
ヴォーヒン　ゲーエン　ズィ

=（あなたは）どこへ行くのですか？

※hinは、話し手から遠ざかる方向を表します。

ミニ会話

CD 54

どちらの出身ですか？
Woher kommen Sie?
ヴォーヘア　コメン　ズィ

ミュンヘンから来ました。
Ich komme aus München.
イヒ　コメ　アウス　ミュンヒェン

ミュンヘンのオクトーバーフェストはとても有名ですね。
Das Oktoberfest in München
ダス　オクトーバー・フェスト　イン　ミュンヒェン
ist sehr populär.
イスト　ゼーア　ポプレーア

※woher はこのように出身を尋ねる場合にも使われます。

★オクトーバーフェストは9月中旬から10月上旬に開催される祭り。毎年ビール好きの観光客で賑わいます。

押さえておきたい　6つの疑問詞

werを使って
ヴェア

誰？

werは英語の「who」に当たる「誰？」という意味の疑問詞です。この疑問詞は格変化して使われるのが特徴です。

CD 55 基本フレーズ

その女性は誰ですか？
（誰がその女性ですか？）

疑問詞werの1格　seinの三人称単数

Wer（ヴェア） ist（イスト　〜である） die Frau（ディ　フラウ　その女性は）?

誰が？

werは次のように格変化して、それぞれに助詞の意味が加わります。

1格（誰が）	**wer** ヴェア
2格（誰の）	**wessen** ヴェッセン
3格（誰に）	**wem** ヴェーム
4格（誰を）	**wen** ヴェーン

学習のポイント 誰なのかを尋ねる

werの格変化形に動詞・助動詞の人称変化形を組み合わせた疑問文で、具体的に誰なのかを尋ねます。

Wessen Tasche **ist** das?
ヴェッセン タッシェ イスト ダス
= これは誰のバッグですか?

※2格(〜の)の変化形wessenのあとには名詞(所有する対象)を続けます。

Wem helfen die Kinder?
ヴェーム ヘルフェン ディ キンダー
= 子ども達は誰を手伝いますか?

※helfenは3格の目的語をとる動詞です。「〜を助ける、手伝う」という意味があります。

Wer kann Deutsch sprechen?
ヴェア カン ドイチュ シュプレッヒェン
= 誰がドイツ語を話せますか?

前置詞・動詞と組み合わせて

werには、前置詞や動詞と組み合わせた表現があります。

● **前置詞mit + wem(3格の目的語) = 誰と一緒に**

Mit wem gehen Sie aus?
ミト ヴェーム ゲーエン ズィ アウス
= あなたは誰と出かけますか?

※分離動詞(p.41参照)ausgehen[アウス・ゲーエン](外出する)を使った表現です。

● **前置詞auf + wen(4格の目的語) + 動詞warten = 誰を待つ**

Auf wen warten Sie?
アウフ ヴェーン ヴァルテン ズィ
= 誰を待っているのですか?

※wartenの意味は「待つ」。[auf + 4格の目的語 + warten]で「〜を待つ」という慣用表現になります。

wie を使って どのように？

ヴィー

wieは英語の「how」に当たる「どのように?」という意味の疑問詞です。

CD 56 基本フレーズ

それはドイツ語で何と言いますか？

（それはドイツ語でどのように呼ばれていますか?）

疑問詞	heißenの三人称単数			
	～と呼ばれている	それは	ドイツ語で	
Wie	heißt	das	auf Deutsch	**?**
ヴィー	ハイスト	ダス	アウフ ドイチュ	
どのように?				

※auf（～で）は方法や手段を表す前置詞です。

学習のポイント 方法・手段を尋ねる

wieのあとに動詞の人称変化形を続けた疑問文で、方法や手段を尋ねます。

Wie lernen Sie Deutsch?

ヴィー レルネン ズィ ドイチュ

= どのようにドイツ語を勉強していますか?

Wie komme ich zum Fußballstadion?

ヴィー コメ イヒ ツム フースバル・シュターディオン

= サッカースタジアムにはどう行ったらいいですか?

※zumは前置詞zu［ツー］（～へ）と定冠詞dem［デム］の融合形です。

具体的な数量を尋ねる

wieは副詞·形容詞と組み合わせると、具体的な数量を尋ねるさまざまな表現になります。

● **wie＋lange**（長い）… どのくらいの長さ、期間

Wie lange bleiben Sie in Berlin?
ヴィー　ランゲ　ブライベン　ズィ　イン　ベルリーン

＝ ベルリンにはどのくらい滞在しますか?

● **wie＋alt**（古い）… どのくらい古い

Wie alt ist die Kirche?
ヴィー　アルト　イスト　ディ　キルヒェ

＝ この教会はどのくらい古いですか?

● **wie＋viel**（たくさんの）… どのくらいの量

Wie viel Geld haben Sie?
ヴィー　フィール　ゲルト　ハーベン　ズィ

＝ お金をいくら持っていますか?

※ここでGeld（お金）は集合的な意味合いで使われているため、vielは語尾変化しません。

Wie viele Bücher haben Sie?
ヴィー　フィーレ　ビューヒャー　ハーベン　ズィ

＝ どのくらい本を持っていますか?

※Bücher（本）は複数形なので、vielの語尾に-eが付きます。

Um **wie viel** Uhr startet der Flug nach
ウム　ヴィー　フィール　ウーア　シュタルテット　デア　フルーク　ナーハ
Berlin?
ベルリーン

＝ ベルリン行きの飛行機は何時に出発しますか?

※umは「～時に」などと時刻を表すときに使う前置詞です。

TEIL 4 マスターしたい! 基本フレーズ

おさらい練習問題

① 次の日本語訳に対応するよう、適切な人称変化形の動詞を空欄に記入してください。

1. 私は日本人（女性）です。

Ich ［　　］ Japanerin.

2. 彼はドイツ人です。

Er ［　　］ Deutscher.

3. こちらは私の両親です。

Das ［　　］ meine Eltern.

4. ここにレストランはありますか?

［　　］ es hier ein Restaurant?

5. 私は時間があります。

Ich ［　　］ Zeit.

6. 市街地図はありますか?

［　　］ Sie einen Stadtplan?

② 次の日本語訳に対応するよう、適切な人称変化形の助動詞を空欄に記入してください。

1. タクシーを呼んでもらえますか?

[　　　　] Sie mir bitte ein Taxi rufen?

2. 私は部屋を予約したいです。

Ich [　　　　] ein Zimmer reservieren.

3. 彼女は明日、働かなければなりません。

Sie [　　　　] morgen arbeiten.

4. 列車はまもなく来るでしょう。

Der Zug [　　　　] bald kommen.

③ 次の日本語訳にふさわしい疑問詞を空欄に記入してください。

1. なぜあなたはドイツ語を勉強するのですか?

[　　　　] lernen Sie Deutsch?

2. その女性は誰ですか?

[　　　　] ist die Frau?

3. それはドイツ語で何と言いますか?

[　　　　] heißt das auf Deutsch?

正解： ① 1. bin 2. ist 3. sind 4. Gibt 5. habe 6. Haben
② 1. Können 2. möchte 3. muss 4. wird
③ 1. Warum 2. Wer 3. Wie

CD 57

豆知識 トラブルに遭った時のドイツ語

トラブルに巻き込まれた時や病気の際に役立つ、とっさのドイツ語フレーズです。それでも対処できなかったら、警察（電話番号110番）や消防・救急システム（112番）へ。ドイツでは救急車による病院への搬送は有料です。

助けて！
Hilfe!
ヒルフェ

やめて！
Aufhören!
アウフ・ヘーレン

泥棒！
Dieb!
ディープ

スリだ！
Taschendieb!
タッシェン・ディープ

緊急です！
Notfall!
ノート・ファル

一緒に来て！
Mitkommen!
ミット・コメン

気分が悪いです。
Ich fühle mich nicht wohl.
イヒ フューレ ミヒ ニヒト ヴォール

ここが痛いです。
Hier tut es mir weh.
ヒーア トゥート エス ミア ヴェー

救急車を呼んでください！
Rufen Sie bitte einen Krankenwagen!
ルーフェン ズィ ビッテ アイネン クランケン・ヴァーゲン

警察を呼んでください！
Rufen Sie bitte die Polizei!
ルーフェン ズィ ビッテ ディ ポリツァイ

TEIL 5

旅先で使える！
場面別フレーズ

SZENE 1 交通 CD 58

機内/空港で

im Flugzeug/im Flughafen
イム フルーク・ツォイク　イム フルーク・ハーフェン

CD この章の音声について　入れ替え枠があるフレーズは、その音声のあとに、右ページの入れ替え語句の音声が続きます。

1 ～はどこですか？

入れ替え

Wo ist mein Platz ?
ヴォー イスト マイン プラッツ

＝ **私の席**はどこですか？

2 ～してもいいですか？

Kann ich das **Essen** auch später bekommen?
カン イヒ ダス エッセン アウホ シュペーター ベコメン

※späterは「あとで」という意味の副詞。bekommenは「もらう」という意味の動詞です。

＝ **食事**をあとにしてもいいですか？

3 ～をお願いします。

入れ替え

Einen Fensterplatz , bitte.
アイネン フェンスター・プラッツ ビッテ

＝ **窓側の席**をお願いします。

① 場所を尋ねる

疑問詞wo（どこ）を使って、場所を尋ねる表現です（p.96参照）。

入れ替え語句

- トイレ
  die Toilette
  ディ　トイレッテ
- 搭乗ゲート
  das Abfluggate
  ダス　アプ・フルーク・ゲイト
- 手荷物受取所
  die Gepäckausgabe
  ディ　ゲペック・アウスガーベ

② 許可を求める

助動詞können（ケネン）を使って、相手に許可を求める表現です（p.78参照）。

Kann ich das Gepäck hierlassen?
カン　イヒ　ダス　ゲペック　ヒーア・ラッセン

＝ 荷物をここに置いてもいいですか？

③ 要望を伝える

自分が希望するもののあとに、英語の「please」に当たるbitteを添えて、要望を伝える表現です。bitteの前にくるのは4格の名詞です。

入れ替え語句

- 通路側の席
  Einen Gangplatz
  アイネン　ガング・プラッツ
- 1杯の水
  Ein Glas Wasser
  アイン　グラース　ヴァッサー
- 毛布
  Eine Decke
  アイネ　デッケ

これも使える！ 機内で便利な表現

CD 59

- シートを倒してもいいですか？
  Darf ich meinen Sitz zurückstellen?
  ダルフ　イヒ　マイネン　ズィッツ　ツリュック・シュテレン

※助動詞dürfen［デュルフェン］を使った許可を求める表現（p.80参照）。

- ヘッドホンの調子が悪いのですが。
  Der Kopfhörer ist nicht in Ordnung.
  デア　コップフ・ヘーラー　イスト　ニヒト　イン　オルドヌング

※nicht in Ordnungは、「正常ではない」という意味の決まり文句。

SZENE 1 交通 CD 60

タクシー/バスに乗る

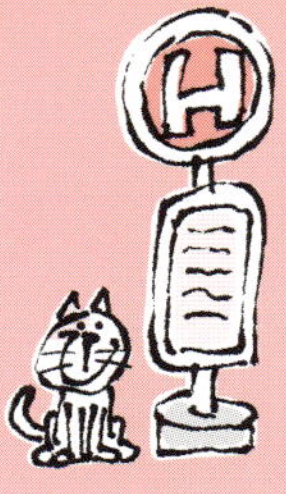

mit dem Taxi/mit dem Bus fahren
ミト デム タクスィ ミト デム ブス ファーレン

1 ～まで行ってください。

※bringenは「運ぶ」という意味の動詞。bis(～まで)は方向を表す前置詞です。

Bringen Sie mich bitte
ブリンゲン ズィ ミヒ ビッテ

入れ替え

bis zu dieser Adresse .
ビス ツー ディーザー アドレッセ

= **この住所まで**行ってください。

※dieserは英語の「this」と同じ役割を持ち、名詞の前に置いて「この～」となる指示代名詞です。

2 ～までいくらですか?

Was kostet es bis zum Flughafen?
ヴァス コステット エス ビス ツム フルーク・ハーフェン

= **空港まで**いくらですか?

※kostetは「～の値段である」という意味の動詞kosten[コステン]の人称変化形。zumは前置詞zu[ツー]と定冠詞dem[デム]の融合形です。

3 ～へ行きますか?

Fährt dieser Bus zum Rathaus?
フェーアト ディーザー ブス ツム ラート・ハウス

= このバスは**市庁舎へ**行きますか?

※fährtは「(乗り物が)運行する」という意味の動詞fahren[ファーレン]の人称変化形です。

1 行き先を伝える

Bringen Sie mich bitte（行ってください）のあとに、[bis（～まで）+ zu（～へ）+ 行き先] を続けます。bisのあとにzuが続いていますが、ドイツ語ではこのように2つの前置詞がセットで使われることがあります。

※名詞の格は後続の前置詞zuによって決まります。

入れ替え語句

- 市の中心部まで
  bis zur Stadtmitte
  ビス　ツア　シュタット・ミッテ

※zurは前置詞zuと定冠詞der［デア］の融合形です。

- 美術館まで
  bis zum Museum
  ビス　ツム　ムゼーウム

2 料金を尋ねる

Was kostet es?は料金を尋ねる決まり文句です。bis～部分には、上記の「入れ替え語句」を使ってもOK。

3 目的地に行くかを尋ねる

[Fährt dieser + 乗り物～?] で、「この～は行きますか?」という表現。zuのあとに目的地の場所を続けます。

※dieser（この）は乗り物が男性名詞の場合。女性名詞ならdiese［ディーゼ］、中性名詞ならdieses［ディーゼス］になります。

これも使える！ 乗り物での便利な表現

CD 61

- ここで止めてください。

Halten Sie bitte hier.
ハルテン　ズィ　ビッテ　ヒーア

- ここで降ります。

Ich steige hier aus.
イヒ　シュタイゲ　ヒーア　アウス

※「降りる」という意味の分離動詞（p.41参照）aussteigen［アウス・シュタイゲン］を使った表現です。

TEIL 5 旅先で使える！ 場面別フレーズ

SZENE 1 交通 CD 62

電車/地下鉄に乗る

mit dem Zug/mit der U-Bahn fahren
ミト デム ツーク ミト デア ウーバーン ファーレン

1 ～までの切符をください。

Eine Fahrkarte nach
アイネ ファール・カルテ ナーハ

Heidelberg, **bitte.**
ハイデルベルク ビッテ

※前置詞nachは方向「～へ」を表します。

= ハイデルベルク行きの**切符を1枚**ください。

2 ～でどのくらいかかりますか?

Wie lange dauert
ヴィー ランゲ ダウアート

es [入れ替え] **mit dem Zug ?**
エス ミト デム ツーク

※dauertは「時間がかかる」「経過する」という意味の動詞dauern［ダウアーン］の人称変化形です。

※前置詞mitは手段「～で」を表します。

= **電車で**どのくらい時間がかかりますか?

❶ 切符を購入する

[枚数 + Fahrkarte/Fahrkarten（ファール・カルテン）（切符）] のあとに [nach + 駅名（地名）] を続けて行き先を告げます。「〜から〜までの」なら、[von（フォン） + 出発地 + nach + 目的地] になります。

Zwei Fahrkarten **von** Augsburg **nach** München, bitte.
ツヴァイ ファール・カルテン フォン アウクスブルク ナーハ ミュンヒェン ビッテ

= アウクスブルク**から**ミュンヘン**までの**切符を2枚ください。

※このように2枚以上購入する場合は、複数形のFahrkartenを使います。

❷ かかる時間を尋ねる

[疑問詞wie（どのくらい）+ 副詞lange（長さ）] は、時間的な長さを尋ねるのに使います。Wie lange dauert es?（どのくらい時間がかかりますか?）はよく使う表現なので、決まり文句として覚えましょう。

入れ替え語句

- 地下鉄で
  mit der U-Bahn
  ミト デア ウーバーン
- 特急列車で
  mit dem Intercity
  ミト デム インタースィティ

TEIL 5 旅先で使える! 場面別フレーズ

これも使える! 駅で便利な表現

CD 63

- ベルリン行きの電車は何時に出発しますか?

Wann fährt der Zug nach Berlin ab?
ヴァン フェーアト デア ツーク ナーハ ベルリーン アプ

※「出発する」という意味の分離動詞（p.41参照）abfahren［アプ・ファーレン］を使った表現です。

- ハンブルクには何時に到着しますか?

Wann kommen wir in Hamburg an?
ヴァン コメン ヴィア イン ハンブルク アン

※「到着する」という意味の分離動詞ankommen［アン・コメン］を使った表現です。

SZENE 2 宿泊 CD 64

フロントで

an der Rezeption
アン デア レツェプツィオーン

1 予約しています。

Ich habe eine Reservierung
イヒ ハーベ アイネ レザヴィールング

für zwei Nächte.
フュア ツヴァイ ネヒテ

＝ **2泊**、予約しています。

※「～泊」という表現は、ドイツ語では「夜」という意味のNacht [ナハト]（複数形はNächte）を使います。

2 ～の部屋をお願いします。

Ich möchte ein
イヒ メヒテ アイン

※前置詞mitはここでは「～が付いた」という意味です。

入れ替え

Zimmer mit Dusche.
ツィマー ミト ドゥーシェ

＝ **シャワー付きの部屋**をお願いします。

※Ich möchteを省略して、Ein Zimmer～と言ってもOK。その場合は文末にbitte [ビッテ] を付けるのを忘れずに。

① 予約があることを伝える

動詞haben（p.74参照）とReservierung（予約）の組み合わせで「予約がある」という表現で、fürのあとには予約内容を続けます。für（フュア） heute（ホイテ） Abend（アーベント）なら「今晩の予約」です。予約していない場合は否定冠詞kein（カイン）（p.29参照）を使って、次のように言いましょう。

Ich habe **keine** Reservierung. ＝ 予約していません。
イヒ　ハーベ　カイネ　レザヴィールング

② 部屋の種類を伝える

助動詞möchteで要望を伝える表現（p.84参照）。mitのあとには泊まりたい部屋の種類や設備などを続けます。

入れ替え語句

- バス付きのシングルルーム
  Einzelzimmer mit Bad
  アインツェル・ツィマー　ミト　バート
- ダブルルーム
  Doppelzimmer
  ドッペル・ツィマー
- ツインルームの部屋
  Zimmer mit zwei Betten
  ツィマー　ミト　ツヴァイ　ベッテン
- 眺めのいい部屋
  Zimmer mit schöner Aussicht
  ツィマー　ミト　シェーナー　アウス・ズィヒト

これも使える！ フロントでの便利な表現 CD 65

- 1泊いくらですか？

Was kostet es pro Nacht?
ヴァス　コステット　エス　プロ　ナハト

※proは「～につき、～当たり」という意味の前置詞です。

- 朝食付きですか？

Ist das Frühstück inbegriffen?
イスト　ダス　フリュー・シュテュック　イン・ベグリッフェン

※inbegriffenは「含まれている、込みの」という意味の形容詞です。

SZENE 2 宿泊 CD 66

部屋で

im Hotelzimmer
イム ホテル・ツィマー

1 ～がありません。

Es gibt keinen Fön.
エス ギープト カイネン フェーン

= **ドライヤー**がありません。

※keinenは否定冠詞kein［カイン］の男性名詞・4格の変化形です。

2 ～を持ってきてください。

Bringen Sie mir bitte
ブリンゲン ズィ ミア ビッテ

入れ替え

eine Decke.
アイネ デッケ

= **毛布を**持ってきてください。

3 ～が使えません。

Die **Klimaanlage funktioniert nicht.**
ディ クリマ・アンラーゲ フンクツィオニールト ニヒト

= **エアコン**が使えません。

※funktioniertは「機能する、作動する」という意味の動詞funktionieren［フンクツィオニーレン］の人称変化形です。

1 部屋の備品などがないとき

[Es gibt + 否定冠詞kein]を使った、部屋に何かがないことを伝える表現。否定冠詞は、あとに続く名詞の性と数で変化します（p.29参照）。

2 何かを持ってきてほしいとき

Bringen Sie mir bitte～は「私に～を持ってきてください」と要望を伝える表現。bitteのあとには持ってきてほしいものを続けます。

※この場合、名詞（持ってきてほしいもの）に付く冠詞は4格になります。

入れ替え語句

- 白ワインをボトルで1本
  eine Flasche Weißwein
  アイネ　フラッシェ　ヴァイス・ヴァイン

3 機器や設備が使えないとき

[funktioniert + 否定詞nicht]で「機能しない」という表現。p.107で紹介したnicht in Ordnung（ニヒト イン オルドヌング）（正常ではない）とほぼ同じ意味です。

Die Dusche **funktioniert nicht**. = シャワーが使えません。
ディ　ドゥーシェ　フンクツィオニールト　ニヒト

これも使える！ 要望を伝える便利な表現

CD 67

- 朝食をルームサービスでお願いします。

Ich möchte das Frühstück aufs Zimmer bestellen.
イヒ　メヒテ　ダス　フリュー・シュテュック　アウフス　ツィマー　ベシュテレン

※aufsは前置詞auf[アウフ]と定冠詞dasの融合形。aufs Zimmer（部屋）+ bestellen（注文する）で「ルームサービスを頼む」という意味になります。

- エキストラベッドをお願いできますか?

Kann ich ein Extrabett im Zimmer haben?
カン　イヒ　アイン　エクストラ・ベット　イム　ツィマー　ハーベン

※imは前置詞in[イン]と定冠詞dem[デム]の融合形です。

SZENE 3 ショッピング CD 68

市場で

im Markt
イム　マルクト

1 ～を探しています。

Ich suche ein Geschäft mit günstigen Preisen.
イヒ　ズーヘ　アイン　ゲシェフト　ミト　ギュンスティゲン　プライゼン

※günstigenは「有利な」という意味の形容詞günstig［ギュンスティヒ］の変化形（複数・3格）です。

= 手頃な値段の**お店を**探しています。

2 ～はどこで買えますか？

Wo kann man **das** **kaufen?**
ヴォー　カン　マン　ダス　カウフェン

入れ替え

= **それは**どこで買えますか？

※manは不特定の人を表す代名詞です。通常日本語訳には反映されません。

3 ～は何ですか？

Was sind die **Spezialitäten** dieser Stadt?
ヴァス　ズィント　ディ　シュペツィアリテーテン　ディーザー　シュタット

= この町の**特産品**は何ですか？

※動詞sein［ザイン］（～である）はここでは三人称複数の変化形になっています。
※SpezialitätenはSpezialität［シュペツィアリテート］（特産品）の複数形です。

1 店や品物を教えてもらう

「探す」という意味の動詞suchen（ズーヘン）を使った表現です。動詞のあとに、探している店やものを続けます。

Ich **suche** ein Geschenk für meine Schwester.
イヒ　ズーヘ　アイン　ゲシェンク　フュア　マイネ　シュヴェスター

＝ 妹（姉）にプレゼントを探しています。

2 買うことができる場所を尋ねる

疑問詞wo（どこ）と助動詞können（ケネン）（〜できる）に、「買う」という意味の動詞kaufenを組み合わせて、購入できる場所を尋ねる表現です。

入れ替え語句

- 果物 Obst（オープスト）
- チーズ Käse（ケーゼ）
- ソーセージ Wurst（ヴルスト）
- ケーキ Kuchen（クーヘン）

3 地元ならではの名物を尋ねる

［Was（何）＋sein（ザイン）の人称変化形〜?］とSpezialitätenを使って、特産品が何かを尋ねる表現。Stadt（町）をGegend（ゲーゲント）（地方）にしてもOK。

これも使える！ 市場で便利な表現

CD 69

- ジャガイモを1キロお願いします。

Ich hätte gern ein Kilo Kartoffeln.
イヒ　ヘッテ　ゲルン　アイン　キーロ　カルトッフェルン

※動詞haben［ハーベン］の接続法第2式（p.44参照）を使った丁寧な表現。計り売りの食材などを買う場合、このように名詞（買いたいもの）の前に［数＋単位］を加えます。

- アップルケーキを3個ください。

Drei Stück Apfelkuchen, bitte.
ドライ　シュテュック　アプフェル・クーヘン　ビッテ

※Stückは「〜個」。このように、単位としてのStückは常に単数形で使われます。

SZENE 3 ショッピング CD 70

デパート/ショップで

im Kaufhaus/im Geschäft
イム カウフ・ハウス イム ゲシェフト

1 〜売り場はどこですか?

入れ替え

Wo ist die Bekleidungsabteilung?
ヴォー イスト ディ ベクライドゥングス・アプタイルング

= **衣料品売り場**はどこですか?

※Bekleidungsabteilungは Bekleidung(衣料品)と Abteilung(売り場)が1つになった複合名詞。このように単語と単語の間にsが付く場合もあります。

2 〜色の〜がほしいです。

Ich möchte einen
イヒ メヒテ アイネン

入れ替え

schwarzen Pullover.
シュヴァルツェン プルオーバー

= **黒い**セーターがほしいです。

※schwarzenは形容詞schwarz[シュヴァルツ](黒い)の(男性名詞・4格に対する)変化形で、語尾に-enが付いています。

3 他の〜はありますか?

※anderenは形容詞ander[アンダー](他の)に変化語尾-enが付いたものです。

Haben Sie das in einer **anderen Größe?**
ハーベン ズィ ダス イン アイナー アンダレン グレーセ

= 他の**サイズ**はありますか?

1 売り場がどこかを尋ねる

疑問詞wo（どこ）と、語尾に-abteilung（売り場）が付いた名詞を使って、売り場を尋ねる表現。Abteilungの本来の意味は「部門」ですが、デパートでは「売り場」を意味します。

入れ替え語句

- 台所用品売り場
  die Haushaltswarenabteilung
  ディ　ハウスハルツ・ヴァーレン・アプタイルング
- アクセサリー売り場
  die Schmuckwarenabteilung
  ディ　シュムック・ヴァーレン・アプタイルング
- 文房具売り場
  die Schreibwarenabteilung
  ディ　シュライブ・ヴァーレン・アプタイルング
- おもちゃ売り場
  die Spielzeugabteilung
  ディ　シュピールツォイク・アプタイルング

2 色＋ほしいものを伝える

助動詞möchte（p.84参照）を使い、ほしいものが何かと、その色を伝える表現。色を表す形容詞は冠詞と名詞（ほしいもの）の間に置きます。

※以下の形容詞は、修飾する名詞Pullover（セーター）が男性名詞なので、その性に応じた変化語尾-enが付いています。

入れ替え語句

- 白い
  weißen
  ヴァイセン
- 赤い
  roten
  ローテン
- 青い
  blauen
  ブラウエン
- 黄色い
  gelben
  ゲルベン
- 緑色の
  grünen
  グリューネン

3 他のバリエーションを尋ねる

p.75で学習したHaben Sie～?（～はありますか?）に形容詞anderを組み合わせて、他のバリエーションがあるかを尋ねる表現です。

Haben Sie das auch in **anderen** Farben? ＝ 他の色はありますか?
ハーベン　ズィ　ダス　アウホ　イン　アンダレン　ファルベン

Haben Sie das auch aus einem **anderen** Material?
ハーベン　ズィ　ダス　アウホ　アウス　アイネム　アンダレン　マテリアール
＝ 他の素材はありますか?

※auchは「～もまた」という意味の副詞です。前置詞inとausはいずれも3格の名詞と結びつきます。ausはここでは素材（～製の）を表します。

これも使える! ショップで便利な表現

CD 71

● ただ見ているだけです。

Danke, ich schaue nur.

ダンケ イヒ シャウエ ヌア

※dankeは、ここでは「結構です」という意味合いで使われています。nurは「ただ〜だけ」という意味の副詞です。

● おすすめのお土産はありますか?

Können Sie mir bitte Souvenirs empfehlen?

ケネン ズィ ミア ビッテ スーヴェニーアス エンプフェーレン

● 他のを見せてください。

Können Sie mir bitte etwas anderes zeigen?

ケネン ズィ ミア ビッテ エトヴァス アンダレス ツァイゲン

※etwasは「(不特定の)何か」という意味の名詞。etwasを修飾する形容詞ander［アンダー］(他の)は例外的に名詞のあとに置き、語尾変化は-esになります。

● 試着してもいいですか?

Darf ich das anprobieren?

ダルフ イヒ ダス アン・プロビーレン

● それにします。

Das nehme ich.

ダス ネーメ イヒ

● 全部でいくらですか?

Was macht das zusammen?

ヴァス マハト ダス ツザメン

関連語句

- □ シャツ
  das Hemd
  ダス　ヘムト
- □ ブラウス
  die Bluse
  ディ　ブルーゼ
- □ ジャケット
  die Jacke
  ディ　ヤッケ
- □ ベスト
  die Weste
  ディ　ヴェステ
- □ スカート
  der Rock
  デア　ロック
- □ パンツ（ズボン）
  die Hose
  ディ　ホーゼ
- □ コート
  der Mantel
  デア　マンテル
- □ 手袋
  die Handschuhe 複
  ディ　ハント・シューエ
- □ ネクタイ
  die Krawatte
  ディ　クラヴァッテ
- □ スカーフ
  der Schal
  デア　シャール
- □ 靴下
  die Socken 複
  ディ　ゾッケン
- □ ストッキング
  die Strümpfe 複
  ディ シュトゥリュンプフェ
- □ ブーツ
  die Stiefel 複
  ディ シュティーフェル
- □ バッグ
  die Tasche
  ディ　タッシェ
- □ 財布
  das Portemonnaie
  ダス　ポルトモネー
- □ ベルト
  der Gürtel
  デア　ギュルテル
- □ 香水
  das Parfüm
  ダス　パーフューム
- □ イヤリング
  die Ohrringe 複
  ディ　オーア・リンゲ

豆知識 服と靴のサイズ

ドイツでは洋服や靴のサイズ表記が日本と異なります。

服（女性用）					
ドイツ	34	36	38	40	42
日本	7 (S)	9 (M)	11 (L)	13 (LL)	15 (3L)

服（男性用）					
ドイツ	44	46	48	50	52
日本	S	M		L	LL

靴								
ドイツ	35	36	37	38	39	40	41	42
日本	22.5	23	23.5	24	25	26	26.5	27

サイズはメーカーによっても微妙に異なるので、商品を購入するときは試着して確認することをおすすめします。

SZENE 4 食事 CD 72

カフェで

im Café
イム カフェー

1 ～は空いていますか？

Ist dieser Tisch frei?
イスト ディーザー ティシュ フライ

= このテーブルは空いていますか？

※dieserは「この」という意味の指示代名詞です。

2 ～でください。

Ein Kännchen Kaffee, bitte.
アイン ケンヒェン カフェ ビッテ

= コーヒーをポットで1つください。

※KännchenはKanne［カネ］（ポット）に縮小語尾（小さいものやかわいらしいものを示す語尾）-chenが付いた名詞で、「小さいポット」を意味します。

3 どんな種類がありますか？

入れ替え

Was für Kuchen haben Sie?
ヴァス フュア クーヘン ハーベン ズィ

= どんな種類のケーキがありますか？

① 座ってもいいか確認する

「空いている」という意味の形容詞freiを使い、そのテーブル席に座ってもいいかを確認する表現。電車やバス、劇場やスタジアムでは、次のようにPlatz（プラッツ）（座席）を使って尋ねましょう。

Ist dieser **Platz** frei?
イスト ディーザー プラッツ フライ
= この**席**は空いていますか？

※freiの反対語はbesetzt［ベゼッツト］（ふさがっている、使用中）またはreserviert［レザヴィールト］（予約済み）。

② 飲み物の容器を指定する

コーヒーや紅茶など、名詞（飲み物）の前に［数 + 容器を表す単語］を加えて、飲み物を注文する表現です。

Eine Tasse Tee, bitte.
アイネ タッセ テー ビッテ
= 紅茶を**カップで1つ**ください。

※容器（単位）を表す単語は、数が複数でも単数形を使いますが、Tasseのように語尾が-eの場合は複数形になります。

紅茶をカップで2つ
zwei Tasse**n** Tee
ツヴァイ タッセン テー

Ein Glas Apfelsaft, bitte.
アイン グラース アプフェル・ザフト ビッテ
= リンゴジュースを**グラスで1杯**ください。

Eine Flasche Mineralwasser mit Gas, bitte.
アイネ フラッシェ ミネラール・ヴァッサー ミト ガース ビッテ
= 炭酸入りのミネラルウォーターを**ボトルで1本**ください。

※前置詞mit（～入りの）＋Gasで「炭酸入りの」。mitをohne［オーネ］（～なしの）にすれば、「炭酸なしの」になります。

③ 料理の種類を尋ねる

p.91で学習したWas für～?を使って種類を尋ねる表現。いくつかある種類を尋ねているので、名詞には複数形が使われます。

（ ）入れ替え語句

● トルテ
Torten
トルテン

※「トルテ」は、スポンジ台にクリームやフルーツなどを飾ったケーキ。代表格はチョコレートケーキSachertorte［ザッハー・トルテ］です。

● 飲み物
Getränke
ゲトレンケ

SZENE 4 食事 CD 73

レストランで

im Restaurant
イム レストラーン

1 ～の予約をしたいです。

※ここでTisch（テーブル）は「（テーブル）席」のことです。

Ich möchte einen Tisch für
イヒ メヒテ アイネン ティシュ フュア

入れ替え
morgen **reservieren.**
モルゲン レザヴィーレン

= **明日**の席の予約をしたいです。

2 ～のメニューはありますか？

※Speisekarteは料理のメニュー。飲み物のメニューはGetränkekarte［ゲトレンケ・カルテ］です。

Haben Sie die Speisekarte
ハーベン ズィ ディ シュパイゼ・カルテ

入れ替え
auf Japanisch ?
アウフ ヤパーニシュ

= **日本語の**（料理の）メニューはありますか？

3 ～をください。

※Tagesmenüは「日替わりのコース料理」という意味。Tag（日）とMenü（コース料理）の複合名詞で、単語と単語の間にesが付いています。

Ich nehme das **Tagesmenü**.
イヒ ネーメ ダス ターゲス・メニュー

= **本日のコース料理**をください。

1 席を予約する

助動詞möchte（p.84参照）とreservierenを使った予約の表現です。

入れ替え語句

- 今週の土曜日
  diesen Samstag
  ディーゼン　ザムス・ターク
- 来週の日曜日
  nächsten Sonntag
  ネーヒステン　ゾン・ターク
- 2名
  zwei Personen
  ツヴァイ　ペルゾーネン
- 今晩8時
  heute Abend um acht Uhr
  ホイテ　アーベント　ウム　アハト　ウーア

2 何のメニューがほしいかを伝える

Haben Sie～?で持ってきてほしいメニューの種類を伝えます。

入れ替え語句

- 英語の
  auf Englisch
  アウフ　エングリシュ
- ベジタリアンの
  für Vegetarier
  フュア　ヴェゲターリア
- 子ども用
  für Kinder
  フュア　キンダー

3 料理を注文する

「選ぶ、取る」という意味の動詞nehmen（ネーメン）を使った注文の表現で、「私は～を選びます」→「～をください」という意味になります。

関連語句

□ ナイフ das Messer ダス　メッサー	□ グラス das Glas ダス　グラース	□ 塩 das Salz ダス　ザルツ	□ マスタード der Senf デア　ゼンフ
□ フォーク die Gabel ディ　ガーベル	□ カップ、茶碗 die Tasse ディ　タッセ	□ こしょう der Pfeffer デア　プフェッファー	□ 酢 der Essig デア　エスィヒ
□ スプーン der Löffel デア　レッフェル	□ 皿 der Teller デア　テラー	□ 砂糖 der Zucker デア　ツッカー	□ バター die Butter ディ　ブッター

これも使える! レストランで便利な表現

CD 74

● 地元のワインを飲んでみたいのですが。

Ich möchte gern einen Wein aus der
イヒ メヒテ ゲルン アイネン ヴァイン アウス デア

Region probieren.
レギオーン プロビーレン

※Regionは「地域」という意味の名詞。Wein aus der Regionで「地元のワイン」という意味になります。

● おすすめの名物料理は何ですか?

Welche regionale Spezialität können Sie
ヴェルヒェ レギオナーレ シュペツィアリテート ケネン ズィ

mir empfehlen?
ミア エンプフェーレン

※welcheは英語の「which」に当たる疑問詞welch[ヴェルヒ](どの)の変化形、regionaleは「地域の」という意味の形容詞regional[レギオナール]の変化形です。

● それはどんな料理ですか?

Was für ein Gericht ist das?
ヴァス フュア アイン ゲリヒト イスト ダス

● デザートには何がありますか?

Was haben Sie zum Nachtisch?
ヴァス ハーベン ズィ ツム ナーハ・ティシュ

※zumは前置詞zu[ツー](～に)と定冠詞dem[デム]の融合形です。

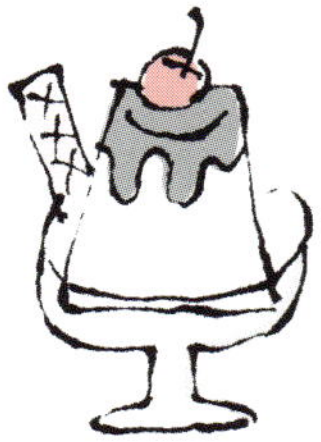

● お会計をお願いします。

Die Rechnung, bitte.
ディ レヒヌング ビッテ

● 領収書をもらえますか?

Kann ich eine Quittung haben?
カン イヒ アイネ クヴィットゥング ハーベン

※Quittungは「領収書」という意味です。

メニュー
SPEISEKARTE
シュパイゼ・カルテ

CD 75

Vorspeisen [フォア・シュパイゼン] 前菜

小エビのカクテル	スモークサーモン	カモのテリーヌ
Krabbencocktail	*Räucherlachs*	*Ententerrine*
クラッベン・コクテール	ロイヒャー・ラックス	エンテン・テリーネ

Salate [ザラーテ] サラダ

シェフのおすすめサラダ	ミックスサラダ	シーフードサラダ
Chefsalat	*Gemischter Salat*	*Meeresfrüchtesalat*
シェフ・ザラート	ゲミッシュター　ザラート	メーレス・フリュヒテ・ザラート

Suppen [ズッペン] スープ

日替わりスープ	ポタージュスープ	テールスープ
Tagessuppe	*Gebundene Suppe*	*Ochsenschwanzsuppe*
ターゲス・ズッペ	ゲブンデネ　ズッペ	オクセン・シュヴァンツ・ズッペ

Hauptgerichte [ハウプト・ゲリヒテ] メインディッシュ

Fischgerichte [フィッシュ・ゲリヒテ] 魚料理

マスのムニエル	舌ビラメのフライ	カレイのフィレ
Forelle Müllerin	*Gebratene Seezunge*	*Schollenfilet*
フォレレ　ミュラリン	ゲブラーテネ　ゼーツンゲ	ショレン・フィレー

Fleischgerichte [フライシュ・ゲリヒテ] 肉料理

アイスバイン	牛肉のワイン煮	ウィーン風カツレツ
Eisbein	*Sauerbraten*	*Wiener Schnitzel*
アイス・バイン	ザウアー・ブラーテン	ヴィーナー　シュニッツェル

Nachspeisen [ナーハ・シュパイゼン] デザート

アイスクリームの盛り合わせ	アップルパイ	ムース
Gemischtes Eis	*Apfelstrudel*	*Mousse*
ゲミッシュテス　アイス	アプフェル・シュトゥルーデル	ムース

Getränke [ゲトレンケ] 飲み物

ミネラルウォーター	スパークリングワイン	カクテル
Mineralwasser	*Sekt*	*Cocktail*
ミネラール・ヴァッサー	ゼクト	コクテール

SZENE 4 食事 CD 76

ビアホールで

in der Bierhalle
イン デア ビーア・ハレ

1 ～（種類）のビールをください。

入れ替え

Zwei Pils vom Fass, bitte.
ツヴァイ ピルス フォム ファス ビッテ

= **生のピルスナービール**を2つください。

※Pilsはチェコ生まれのビール Pilsner [ピルスナー] の略称。ドイツで最もポピュラーなビールです。
※Fassは「樽（たる）」。Fass＋Bier [ビーア] で Fassbier（生ビール）という複合名詞もあります。

2 ～（サイズ）のビールをください。

入れ替え

Ich möchte eine Maß Bier, bitte.
イヒ メヒテ アイネ マース ビーア ビッテ

= **1リットルジョッキのビールを1杯**ください。

※Maßはビールの量を表す単位。「1マース」＝「1リットル」です。

3 ～のソーセージをください。

Ich hätte gern eine Currywurst.
イヒ ヘッテ ゲルン アイネ ケリー・ヴルスト

= **カレーソーセージ**を1つください。

※hätteは動詞haben [ハーベン]（持っている）の接続法第2式の人称変化形です。
★Currywurstはカレーケチャップがかかったベルリン名物のソーセージです。

① ビールを注文する

ビールの注文は[数＋ビールの種類]にbitteを添えるだけ。ビール大国ドイツには、さまざまな種類のビールがあります。

入れ替え語句

- アルト
  Alt
  アルト
  ★「年とった」という意味の濃色ビール。
- エクスポート
  Export
  エクスポルト
  ★賞味期限が長く、他都市への輸出に適したビール。
- メルツェン
  Märzen
  メルツェン
  ★3月（März［メルツ］）に醸造されたことが名の由来。
- ヴァイツェン
  Weizen
  ヴァイツェン
  ★大麦ではなく小麦（Weizen）の麦芽で醸造されるビール。

② ジョッキのサイズを伝える

助動詞möchte（p.84参照）を使ってジョッキのサイズを伝えます。

入れ替え語句

- 半リットルのジョッキのビールを1杯
  ein großes Bier
  アイン　グローセス　ビーア
- 1/3リットルのジョッキのビールを1杯
  ein kleines Bier
  アイン　クライネス　ビーア

※形容詞großes（大）は半リットル、kleines（小）は1/3リットルのジョッキを表します。

③ ソーセージを注文する

ビールの注文と同様、[数＋ソーセージの種類, bitte]でも注文できますが、このように動詞の接続法第2式（p.44参照）を使うと、丁寧な表現になります。

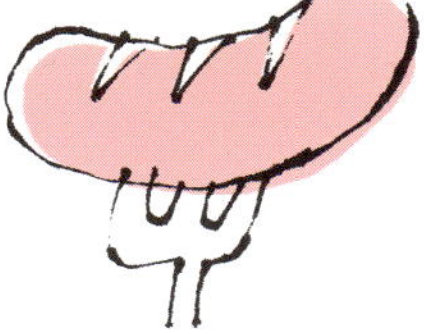

※おもなソーセージの種類は巻末付録「お役立ち単語帳」のp.139で紹介しています。

SZENE 5 観光 CD 77

サッカースタジアムで

im Fußballstadion
イム フースバル・シュターディオン

1 どのチームの〜ですか？

Wer spielt heute?
ヴェア シュピールト ホイテ

※spieltは「運動する、試合をする」という意味の動詞spielen［シュピーレン］の人称変化形です。

＝ 今日はどのチームの**試合**ですか？

2 〜はまだありますか？

Haben Sie noch
ハーベン ズィ ノホ

※nochは「まだ」という意味の副詞です。

入れ替え

Karten für **heute**?
カルテン フュア ホイテ

＝ **今日**のチケットはまだありますか？

3 〜の席はどこですか？

Wo liegen die nicht reservierten Plätze?
ヴォー リーゲン ディ ニヒト レザヴィールテン プレッツェ

※PlätzeはPlatz［プラッツ］（座席）の複数形（1格）です。

＝ **自由席は**どこですか？

① どのチームかを尋ねる

疑問詞werは本来「誰」という意味ですが、ここでは「どのチーム」という意味で使われています。

② 観戦日を指定して購入する

Haben Sie～? に副詞nochを組み合わせて、何かがまだあるかを尋ねる表現です。Karten（チケット）のあとに[für（～の）＋日時]を続けて、いつのチケットがほしいかを伝えます。

入れ替え語句

明日	今週の日曜日	次のホームゲーム
morgen モルゲン	diesen Sonntag ディーゼン　ゾン・ターク	das nächste Heimspiel ダス　ネーヒステ　ハイム・シュピール

③ 座席がどこかを尋ねる

疑問詞wo（どこ）のあとに、「横たわっている、ある」という意味の動詞liegenを続けた疑問文で、何かがどこにあるかを尋ねる表現です。

「指定席」はreservierter（レザヴィールター） Platz（予約した席）と言いますが、ここでは否定詞nichtが付いて、「予約していない席 → 自由席」となっています。

※この「自由席」「指定席」という表現は、スタジアムだけでなく、列車や劇場の席の場合にも同じように使われるので、覚えておきましょう。

SZENE 5 観光 CD 78

オペラ劇場で

im Opernhaus
イム オーパン・ハウス

1 演目は何ですか?

Was steht heute auf dem Programm?
ヴァス シュテート ホイテ アウフ デム プログラム

= 今日の**演目は**何ですか?

※ stehtは「立っている、書いてある」という意味の動詞stehen［シュテーエン］の三人称単数形です。

2 誰が演じるのですか?

Wer spielt die Hauptrolle?
ヴェア シュピールト ディ ハウプト・ロレ

= **主役は**誰が演じるのですか?

3 何時から始まりますか?

Wann beginnt die nächste Aufführung?
ヴァン ベギント ディ ネーヒステ アウフ・フュールング

= **次のステージは**何時から始まりますか?

※ beginntは「始まる」という意味の動詞beginnen［ベギネン］の三人称単数形です。

※ nächsteは「次の」という意味の形容詞nächst［ネーヒスト］の変化形（1格）です。

① 演目を尋ねる

動詞stehenとauf dem Programmで「プログラムに載っている」という意味。疑問詞was（何）を使った疑問文で「何がプログラムに載っていますか？ → 演目は何ですか？」と尋ねる表現になります。

② 「演じる」という意味もあるspielen

p.130で学習した動詞spielen（シュピーレン）は「運動する、スポーツをする」という意味の他、「演じる」という意味もあります。「（俳優の）役、役割」という意味のRolle（ロレ）を使った例を見てみましょう。

Sie **spielt** eine wichtige **Rolle**.
ズィ シュピールト アイネ ヴィヒティゲ ロレ
＝ 彼女は重要な役割を演じます。

③ 開演時間を尋ねる

疑問詞wann（いつ）と動詞beginnenを使った疑問文で、開演時間を尋ねる表現。「上演、上映」という意味のAufführungはオペラだけでなく、芝居、映画、演奏会などの出し物にも共通して使えます。

終演時間を尋ねるには、次のように「終わる」という意味の動詞enden（エンデン）を使います。

Wann **endet** die **Aufführung**?
ヴァン エンデット ディ アウフ・フュールング
＝ そのステージは何時に終わりますか？

おさらい練習問題

次の日本語訳に対応するよう、適切な単語を空欄に記入してください。

1. 私の席はどこですか?

   Wo ist ＿＿＿＿ Platz?

2. このバスは市庁舎へ行きますか?

   ＿＿＿＿ dieser Bus zum Rathaus?

3. ハイデルベルク行きの切符を1枚ください。

   Eine ＿＿＿＿ nach Heidelberg, bitte.

4. バス付きの部屋をお願いします。

   Ich möchte ein Zimmer mit ＿＿＿＿ .

5. 毛布を持ってきてください。

   ＿＿＿＿ Sie mir bitte eine Decke.

6. それはどこで買えますか?

   Wo kann man das ＿＿＿＿ ?

7. 黒いセーターがほしいです。

   Ich möchte einen ＿＿＿＿ Pullover.

8. 試着してもいいですか?

[ ] ich das anprobieren?

9. どんな種類のケーキがありますか?

[ ] für Kuchen haben Sie?

10. 明日の席の予約をしたいです。

Ich möchte einen Tisch

für morgen [ ].

11. お会計をお願いします。

Die [ ], bitte.

12. 1リットルジョッキのビールを1杯ください。

Ich möchte eine Maß [ ], bitte.

13. 今日のチケットはまだありますか?

Haben Sie noch [ ] für heute?

14. 次のステージは何時から始まりますか?

Wann [ ] die nächste Aufführung?

正解： 1. mein 2. Fährt 3. Fahrkarte 4. Bad 5. Bringen 6. kaufen 7. schwarzen 8. Darf 9. Was 10. reservieren 11. Rechnung 12. Bier 13. Karten 14. beginnt

付録①

動詞の人称変化一覧表

おもな動詞の人称変化形（現在形）をまとめました。不規則動詞では、特に三人称単数の形に注意しましょう。

：規則動詞
：不規則動詞

	単数			複数
	ich	Sie	er/sie/es	wir/Sie/sie
sein ザイン （～である）	bin ビン	sind ズィント	ist イスト	sind ズィント
geben ゲーベン （与える）	gebe ゲーベ	geben ゲーベン	gibt ギープト	geben ゲーベン
haben ハーベン （持っている）	habe ハーベ	haben ハーベン	hat ハット	haben ハーベン
werden ヴェルデン （～になる）	werde ヴェルデ	werden ヴェルデン	wird ヴィルト	werden ヴェルデン
machen マッヘン （する、作る）	mache マッヘ	machen マッヘン	macht マハト	machen マッヘン
sagen ザーゲン （言う）	sage ザーゲ	sagen ザーゲン	sagt ザークト	sagen ザーゲン
rufen ルーフェン （呼ぶ）	rufe ルーフェ	rufen ルーフェン	ruft ルーフト	rufen ルーフェン
sprechen シュプレッヒェン （話す）	spreche シュプレッヒェ	sprechen シュプレッヒェン	spricht シュプリヒト	sprechen シュプレッヒェン
fragen フラーゲン （尋ねる）	frage フラーゲ	fragen フラーゲン	fragt フラークト	fragen フラーゲン
lesen レーゼン （読む）	lese レーゼ	lesen レーゼン	liest リースト	lesen レーゼン

	単数			複数
	ich	Sie	er/sie/es	wir/Sie/sie
gehen ゲーエン （行く）	gehe ゲーエ	gehen ゲーエン	geht ゲート	gehen ゲーエン
kommen コメン （来る）	komme コメ	kommen コメン	kommt コムト	kommen コメン
suchen ズーヘン （探す）	suche ズーヘ	suchen ズーヘン	sucht ズーフト	suchen ズーヘン
kaufen カウフェン （買う）	kaufe カウフェ	kaufen カウフェン	kauft カウフト	kaufen カウフェン
bezahlen ベツァーレン （支払う）	bezahle ベツァーレ	bezahlen ベツァーレン	bezahlt ベツァールト	bezahlen ベツァーレン
trinken トリンケン （飲む）	trinke トリンケ	trinken トリンケン	trinkt トリンクト	trinken トリンケン
essen エッセン （食べる）	esse エッセ	essen エッセン	isst イスト	essen エッセン
benutzen ベヌッツェン （使う）	benutze ベヌッツェ	benutzen ベヌッツェン	benutzt ベヌッツト	benutzen ベヌッツェン
öffnen エフネン （開ける、開く）	öffne エフネ	öffnen エフネン	öffnet エフネト	öffnen エフネン
schließen シュリーセン （閉める、閉まる）	schließe シュリーセ	schließen シュリーセン	schließt シュリースト	schließen シュリーセン
kennen ケネン （知っている）	kenne ケネ	kennen ケネン	kennt ケント	kennen ケネン
verstehen フェア・シュテーエン （理解する）	verstehe フェア・シュテーエ	verstehen フェア・シュテーエン	versteht フェア・シュテート	verstehen フェア・シュテーエン

付録②
お役立ち単語帳

乗り物
Fahrzeug
ファール・ツォイク

□ 飛行機	Flugzeug 中 フルーク・ツォイク
□ タクシー	Taxi 中 タクスィ
□ バス	Bus 男 ブス
□ 電車	Zug 男 ツーク
□ 地下鉄	U-Bahn 女 ウーバーン
□ 市電（路面電車）	Straßenbahn 女 シュトラーセン・バーン
□ ドイツ鉄道	Deutsche Bahn 女 ドイチェ　バーン

ホテルの部屋
Hotelzimmer
ホテル・ツィマー

□ 机	Schreibtisch 男 シュライプ・ティッシュ
□ 椅子	Stuhl 男 シュトゥール
□ テレビ	Fernseher 男 フェルン・ゼーア
□ 冷蔵庫	Kühlschrank 男 キュール・シュランク
□ ベッド	Bett 中 ベット
□ 練り歯磨き	Zahnpasta 女 ツァーン・パスタ
□ 歯ブラシ	Zahnbürste 女 ツァーン・ビュルステ
□ シャンプー	Shampoo 中 シャンプー
□ リンス	Haarspülung 女 ハー・シュピュールング
□ セッケン	Seife 女 ザイフェ
□ バスタオル	Badetuch 中 バーデ・トゥーフ

野菜・果物
Gemüse und Obst
ゲミューゼ　ウント オープスト

□ アスパラガス	Spargel 複 シュパルゲル
□ ブロッコリー	Brokkoli 複 ブロッコリ
□ キャベツ	Kohl 男 コール
□ ホウレンソウ	Spinat 男 シュピナート
□ タマネギ	Zwiebeln 複 ツヴィーベルン
□ ニンジン	Möhren 複 メーレン
□ ジャガイモ	Kartoffeln 複 カルトッフェルン
□ マッシュルーム	Champignons 複 シャンピニョーンス
□ リンゴ	Äpfel 複 エプフェル
□ 洋梨	Birnen 複 ビルネン
□ アンズ	Aprikosen 複 アプリコーゼン
□ バナナ	Bananen 複 バナーネン
□ オレンジ	Orangen 複 オラーンジェン
□ イチゴ	Erdbeeren 複 エーアト・ベーレン
□ サクランボ	Kirschen 複 キルシェン
□ ブドウ	Trauben 複 トラウベン

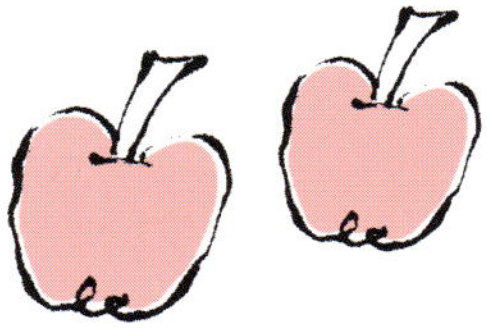

肉
Fleisch
フライシュ

□ 仔牛肉	Kalbfleisch 中 カルプ・フライシュ
□ 牛肉	Rindfleisch 中 リント・フライシュ
□ 豚肉	Schweinefleisch 中 シュヴァイネ・フライシュ
□ 鶏肉	Hühnerfleisch 中 ヒューナー・フライシュ
□ 仔羊肉	Lammfleisch 中 ラム・フライシュ
□ 羊肉	Hammelfleisch 中 ハンメル・フライシュ

魚介類
Meeresfrüchte
メーレス・フリュヒテ

□ ハマグリ	Venusmuscheln 複 ヴェーヌス・ムシェルン
□ ムール貝	Miesmuscheln 複 ミース・ムシェルン
□ ホタテ貝	Jakobsmuscheln 複 ヤーコプス・ムシェルン
□ カキ	Austern 複 アウスタン
□ 芝エビ	Garnelen 複 ガルネーレン
□ ロブスター	Hummer 男 フマー
□ カニ	Krabben 複 クラッベン
□ イカ	Tintenfisch 男 ティンテン・フィッシュ
□ スズキ	Barsch 男 バルシュ
□ サーモン	Lachs 男 ラックス
□ カレイ	Scholle 女 ショレ
□ 舌ビラメ	Seezunge 女 ゼーツゥンゲ
□ アンチョビ	Anschovis 女 アンショーヴィス
□ ウナギ	Aal 男 アール

パン
Brot
ブロート

□ 小麦の白パン	Weizenbrot 中 ヴァイツェン・ブロート
□ ライ麦パン	Roggenbrot 中 ロッゲン・ブロート
□ 小型の丸パン	Semmel 女 ゼンメル
□ プレッツェル	Brezel 女 ブレーツェル
□ シュトーレン	Stollen 男 シュトレン

★クリスマスの時期に欠かせない菓子パン。ドライフルーツやナッツが入っています。

ソーセージ
Wurst
ヴルスト

□ ゆでソーセージ　Brühwurst 女
ブリュー・ヴルスト

- □ フランクフルター　Frankfurter 女
  フランクフルター
  ★豚挽肉（ぶたひきにく）の腸詰めを薫製（くんせい）にした、フランクフルト・ソーセージ。
- □ ヴァイスヴルスト　Weißwurst 女
  ヴァイス・ヴルスト
  ★仔牛の挽肉（ひきにく）と新鮮な豚肉のベーコンが原料。

□ 焼きソーセージ　Bratwurst 女
ブラート・ヴルスト

- □ ニュールンベルガー　Nürnberger 女
  ニュルンベルガー
  ★ニュルンベルクの名物ソーセージ。他のソーセージに比べて少々小ぶり。
- □ チューリンガー　Thüringer 女
  テューリンガー
  ★チューリンゲンの名物ソーセージ。炭火でグリルするのが正統派。

ソフトドリンク
alkoholfreie Getränke
アルコホール・フライエ　ゲトレンケ

□ ミネラルウォーター	Mineralwasser (中)	ミネラール・ヴァッサー
□ 炭酸入りの〜	〜mit Gas	ミト　ガース
□ 炭酸なしの〜	〜ohne Gas	オーネ　ガース
□ コーヒー	Kaffee (男)	カフェ
□ エスプレッソ	Espresso (男)	エスプレッソ
□ ミルクコーヒー	Milchkaffee (男)	ミルヒ・カフェ
□ ホットチョコレート	heiße Schokolade (女)	ハイセ　ショコラーデ
□ 紅茶	Tee (男)	テー
□ ミルク付きの〜	〜mit Milch	ミト　ミルヒ
□ レモン付きの〜	〜mit Zitrone	ミト　ツィトローネ
□ 砂糖	Zucker (男)	ツッカー
□ 氷	Eis (中)	アイス
□ アップルジュース	Apfelsaft (男)	アプフェル・ザフト
□ オレンジジュース	Orangensaft (男)	オランジェン・ザフト
□ トマトジュース	Tomatensaft (男)	トマーテン・ザフト
□ コーラ	Cola (中)(女)	コーラ
□ ノンアルコール・ビール	alkoholfreies Bier (中)	アルコホール・フライエス ビーア

アルコール
Alkohol
アルコホール

□ ビール	Bier (中)	ビーア
□ 白ワイン	Weißwein (男)	ヴァイス・ヴァイン
□ ロゼワイン	Roséwein (男)	ロゼー・ヴァイン
□ 赤ワイン	Rotwein (男)	ロート・ヴァイン
□ ハウスワイン	Hauswein (男)	ハウス・ヴァイン
□ 辛口	trocken	トロッケン
□ 甘口	süß	ズュース
□ リンゴ酒	Apfelwein (男)	アプフェル・ヴァイン
□ スパークリングワイン	Sekt (男)	ゼクト
□ カクテル	Cocktail (男)	コックテール
□ ウイスキー	Whisky (男)	ヴィスキ
□ ブランデー	Branntwein (男)	ブラント・ヴァイン

ケーキ類
Kuchen und Torte
クーヘン　ウント　トルテ

□ アップルケーキ	Apfelkuchen (男)	アプフェル・クーヘン
□ フルーツケーキ	Obstkuchen (男)	オーブスト・クーヘン
□ チーズケーキ	Käsekuchen (男)	ケーゼ・クーヘン
□ イチゴのタルト	Erdbeertorte (女)	エーアトベーア・トルテ
□ ザッハートルテ	Sachertorte (女)	ザッハー・トルテ
□ アップルパイ	Apfelstrudel (男)	アプフェル・シュトルーデル
□ 生クリーム付きの〜	〜mit Sahne	ミト　ザーネ
□ 生クリームなしの〜	〜ohne Sahne	オーネ　ザーネ

お土産品
Souvenirartikel
ズヴェニーア・アルティーケル

□ 文房具	Schreibwaren 複 シュライプ・ヴァーレン
□ ボールペン	Kugelschreiber 男 クーゲル・シュライバー
□ 色鉛筆	Farbstift 男 ファルプ・シュティフト
□ ノート	Notizbuch 中 ノティーツ・ブーフ
□ 便せん	Briefpapier 中 ブリーフ・パピーア
□ 封筒	Umschlag 男 ウム・シュラーク
□ キャンドルスタンド	Kerzenhalter 男 ケルツェン・ハルター
□ ランチョンマット	Set 中 男 ゼット
□ カトラリー	Besteck 中 ベシュテック
□ サラダボウル	Salatschüssel 女 ザラート・シュッセル
□ こしょう挽き	Pfeffermühle 女 プフェッファー・ミューレ
□ チーズおろし	Käseraspel 女 ケーゼ・ラスペル
□ ワインのコルク抜き	Korkenzieher 男 コルケン・ツィーアー
□ 爪切り	Nagelknipser 男 ナーゲル・クニプサー
□ キーホルダー	Schlüsselhalter 男 シュリュッセル・ハルター
□ 磁器	Porzellan 中 ポルツェラーン
□ テディベア	Teddybär 男 テディ・ベーア

食品
Lebensmittel
レーベンス・ミッテル

□ ジャム	Marmelade 女 マルメラーデ
□ はちみつ	Honig 男 ホーニヒ
□ 岩塩	Steinsalz 中 シュタイン・ザルツ
□ チーズ	Käse 男 ケーゼ
□ ビスケット	Gebäck 中 ゲベック
□ チョコレート	Schokolade 女 ショコラーデ

素材
Stoff
シュトッフ

□ 木綿	Baumwolle 女 バウム・ヴォレ
□ ウール	Wolle 女 ヴォレ
□ 絹	Seide 女 ザイデ
□ リネン	Leinen 中 ライネン
□ ナイロン	Nylon 中 ナイロン
□ 革	Leder 中 レーダー

アクセサリー
Schmuck
シュムック

□ ネックレス	Halskette 女 ハルス・ケッテ
□ ペンダント	Anhänger 男 アンヘンガー
□ ブローチ	Brosche 女 ブロシェ
□ ピアス	Ohrstecker 複 オーア・シュテッカー
□ イヤリング	Ohrringe 複 オーア・リンゲ
□ 指輪	Ring 男 リング

町
Stadt
シュタット

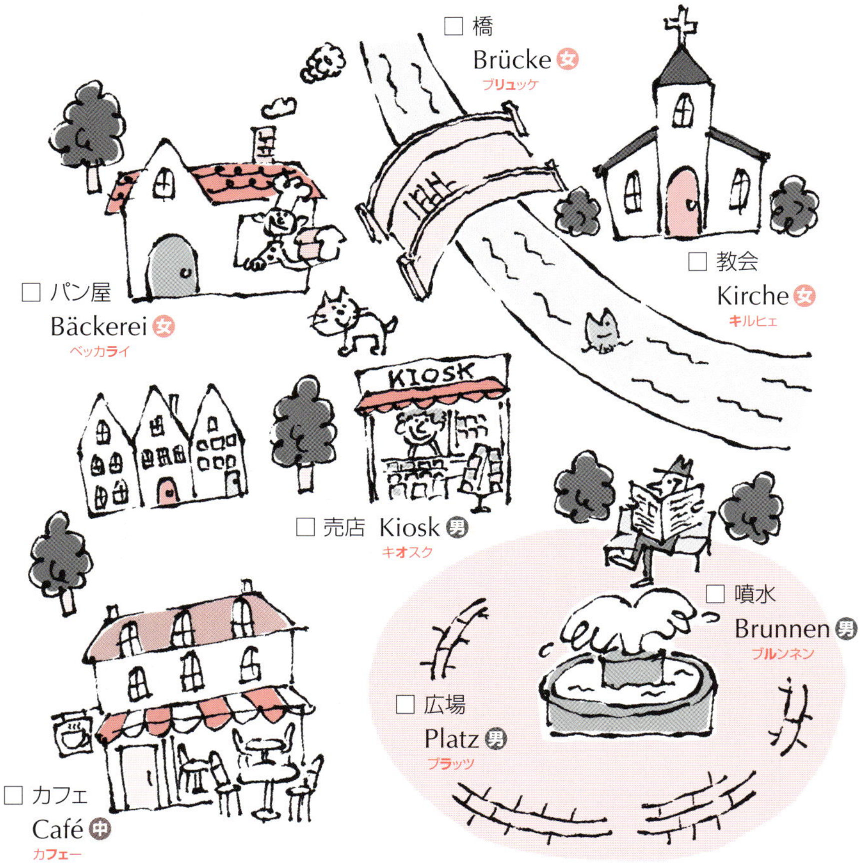

- □ 橋 Brücke (女) ブリュッケ
- □ 教会 Kirche (女) キルヒェ
- □ パン屋 Bäckerei (女) ベッカライ
- □ 売店 Kiosk (男) キオスク
- □ 噴水 Brunnen (男) ブルンネン
- □ 広場 Platz (男) プラッツ
- □ カフェ Café (中) カフェー

□ レストラン	Restaurant (中)	レストラーン
□ ホテル	Hotel (中)	ホテル
□ 銀行	Bank (女)	バンク
□ 病院	Krankenhaus (中)	クランケン・ハウス
□ 警察署	Polizeirevier (中)	ポリツァイ・レヴィーア
□ 日本大使館	Japanische Botschaft (女)	ヤパーニシェ　ボートシャフト
□ 市場	Markt (男)	マルクト
□ 観光案内所	Touristeninformation (女)	トゥリステン・インフォルマツィオーン
□ 大聖堂	Dom (男)	ドーム
□ 庭園	Park (男)	パルク
□ 美術館	Museum (中)	ムゼーウム
□ 劇場	Theater (中)	テアーター

体の部位

Körperteil
ケルパー・タイル

① 頭	Kopf 男 コップフ		④ 鼻	Nase 女 ナーゼ		⑦ 顎	Kiefer 男 キーファー
② 額	Stirn 女 シュティルン		⑤ 耳	Ohr 中 オーア		⑧ 喉	Kehle 女 ケーレ
③ 目	Auge 中 アウゲ		⑥ 口	Mund 男 ムント		⑨ 首	Hals 男 ハルス

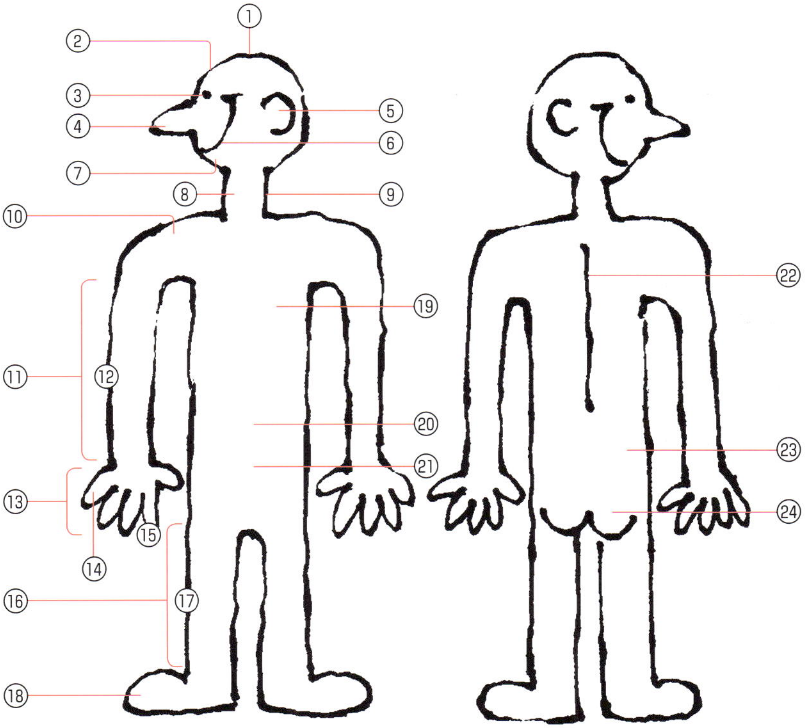

⑩ 肩	Schulter 女 シュルター		⑮ 爪	Nagel 男 ナーゲル		⑳ 腹	Bauch 男 バウホ
⑪ 腕	Arm 男 アルム		⑯ 脚	Bein 中 バイン		㉑ 下腹部	Unterleib 男 ウンター・ライプ
⑫ 肘	Ellbogen 男 エル・ボーゲン		⑰ 膝	Knie 中 クニー		㉒ 背中	Rücken 男 リュッケン
⑬ 手	Hand 女 ハント		⑱ 足	Fuß 男 フース		㉓ 腰	Hüfte 女 ヒュフテ
⑭ 指	Finger 男 フィンガー		⑲ 胸	Brust 女 ブルスト		㉔ 尻	Gesäß 中 ゲゼース

●著者

宮坂英一（みやさか えいいち）

1950年生まれ。横浜国立大学工学部卒業。出版社、映画輸入・配給・上映会社で編集・翻訳業務に携わる。86年にドイツ語翻訳家として独立し、さまざまな分野の翻訳・出版に関わる。

○著書・翻訳書（監訳を含む）・翻訳論文

『ひとり歩きのドイツ語自遊自在』（JTB 1991年版）、『わがまま歩き 旅行会話 ドイツ語＋英語』（実業之日本社）、『ドイツ語快速完成』（創育）、『FASHION－20世紀のファッションデザイナー』（シャルロッテ・ゼーリング編 クーネマン出版社）、『メイヨー・クリニックの内側』（ジョン・T・シェパード著 ぱる出版）、「経済学者のための『モモ』入門」『自由経済研究14号』（W・オンケン著 ぱる出版）ほか

聴ける！読める！書ける！話せる！

ドイツ語 初歩の初歩

著　者　宮坂英一
発行者　高橋秀雄
編集者　原田幸雄
発行所　**高橋書店**
〒112-0013　東京都文京区音羽1-26-1
編集 TEL 03-3943-4529 / FAX 03-3943-4047
販売 TEL 03-3943-4525 / FAX 03-3943-6591
振替 00110-0-350650
http://www.takahashishoten.co.jp/

ISBN978-4-471-11299-8